Tarot para principiantes

Todo lo que necesita saber sobre la lectura de las cartas del tarot, las tiradas, la astrología, la cábala, la adivinación, el desarrollo psíquico y la numerología

© Copyright 2024

Todos los derechos reservados. Ninguna parte de este libro puede ser reproducida de ninguna forma sin el permiso escrito del autor. Los revisores pueden citar breves pasajes en las reseñas.

Descargo de responsabilidad: Ninguna parte de esta publicación puede ser reproducida o transmitida de ninguna forma o por ningún medio, mecánico o electrónico, incluyendo fotocopias o grabaciones, o por ningún sistema de almacenamiento y recuperación de información, o transmitida por correo electrónico sin permiso escrito del editor.

Si bien se ha hecho todo lo posible por verificar la información proporcionada en esta publicación, ni el autor ni el editor asumen responsabilidad alguna por los errores, omisiones o interpretaciones contrarias al tema aquí tratado.

Este libro es solo para fines de entretenimiento. Las opiniones expresadas son únicamente las del autor y no deben tomarse como instrucciones u órdenes de expertos. El lector es responsable de sus propias acciones.

La adhesión a todas las leyes y regulaciones aplicables, incluyendo las leyes internacionales, federales, estatales y locales que rigen la concesión de licencias profesionales, las prácticas comerciales, la publicidad y todos los demás aspectos de la realización de negocios en los EE. UU., Canadá, Reino Unido o cualquier otra jurisdicción es responsabilidad exclusiva del comprador o del lector.

Ni el autor ni el editor asumen responsabilidad alguna en nombre del comprador o lector de estos materiales. Cualquier desaire percibido de cualquier individuo u organización es puramente involuntario.

Su regalo gratuito

¡Gracias por descargar este libro! Si desea aprender más acerca de varios temas de espiritualidad, entonces únase a la comunidad de Mari Silva y obtenga el MP3 de meditación guiada para despertar su tercer ojo. Este MP3 de meditación guiada está diseñado para abrir y fortalecer el tercer ojo para que pueda experimentar un estado superior de conciencia.

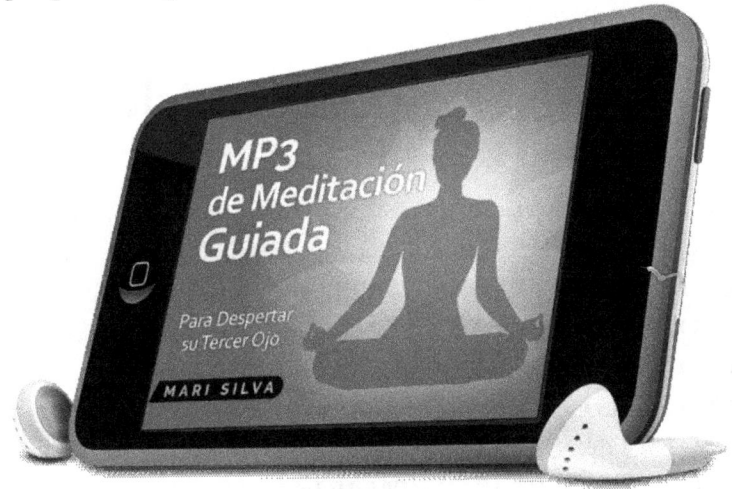

https://livetolearn.lpages.co/mari-silva-third-eye-meditation-mp3-spanish/

¡O escanee el código QR!

Tabla de contenidos

- INTRODUCCIÓN 1
- CAPÍTULO 1: CONCEPTOS BÁSICOS DEL TAROT 3
- CAPÍTULO 2: DESARROLLAR PRIMERO SUS PODERES PSÍQUICOS 11
- CAPÍTULO 3: CÁBALA Y TAROT: UNA CONEXIÓN MÍSTICA 20
- CAPÍTULO 4: LA ASTROLOGÍA DETRÁS DEL TAROT 27
- CAPÍTULO 5: LAS CARTAS Y LA NUMEROLOGÍA 36
- CAPÍTULO 6: CONOCE LAS CARTAS I: ARCANOS MAYORES 44
- CAPÍTULO 7: CONOCE LAS CARTAS II: LOS CUATRO PALOS 89
- CAPÍTULO 8: CONOCE LAS CARTAS III: CARTAS DE LA CORTE 100
- CAPÍTULO 9: TIRADAS Y DISEÑOS 104
- CONCLUSIÓN - LECTURA DE LAS CARTAS 110
- VEA MÁS LIBROS ESCRITOS POR MARI SILVA 113
- SU REGALO GRATUITO 114
- REFERENCIAS 115

Introducción

El tarot es un mapa de la conciencia humana que abarca el viaje de su vida. La lectura de las cartas del tarot es el arte y la práctica de la adivinación de la sabiduría y el conocimiento de una baraja de cartas del tarot. Las cartas proporcionan una visión profunda de sus problemas y se pueden utilizar para buscar soluciones a estos problemas. Las cartas no predicen nada, sino que simplemente le ayudan a profundizar en su conciencia para encontrar respuestas que ya están incrustadas allí.

Este libro combina el poder de las cartas del tarot con el conocimiento esotérico de la cábala, la energía de los números y los secretos de la astrología. Combinando el poder ilimitado de estas herramientas de adivinación, puede leer las cartas del tarot con gran precisión y encontrar soluciones y respuestas a preguntas para sí mismo y para otros que buscan una lectura, conocidos como consultantes.

Lo mejor de este libro es que se dirige tanto a los lectores principiantes como a los experimentados. Es excelente para principiantes, ya que los conceptos básicos se explican en un lenguaje sencillo y fácil de entender. Contiene métodos prácticos e instrucciones que puede practicar diariamente para convertirse en un lector de cartas del tarot eficaz.

La lectura de las cartas del tarot por sí misma es una gran herramienta, pero cuando se combina con las percepciones dadas por las herramientas de adivinación cabalística, astrológica y numerológica, entonces el resultado puede ser significativamente mejor. Este libro le enseña los fundamentos de las otras tres herramientas de adivinación.

Explica cómo pueden combinarse con la energía de una baraja de tarot para obtener resultados asombrosos.

Así que, adelante, pase la página y descubra el poder de la lectura de las cartas del tarot.

Capítulo 1: Conceptos básicos del tarot

A primera vista, una baraja de tarot oscuro puede parecer igual que cualquier otra baraja de cartas. Nada más lejos de la realidad. Las cartas del tarot se han utilizado para el autodescubrimiento, la adivinación y otros fines mágicos y místicos.

Las cartas del tarot se han utilizado durante siglos
https://pixabay.com/es/photos/artesan%c3%ada-tarot-adivinaci%c3%b3n-2728227/

Historia de las cartas del tarot

La vocación mágica del tarot ha atraído a muchos practicantes de magia durante siglos. Es una de las herramientas de adivinación más comunes que los seres humanos han utilizado durante mucho tiempo. La historia de las cartas del tarot se remonta al siglo 14 en Europa. Se atribuye a artistas europeos la creación de las primeras cartas de tarot utilizadas únicamente para juegos. Estos artistas europeos crearon cuatro palos similares a los que se utilizan hoy en día.

Los italianos inventaron la baraja del tarot en la década de 1430. Los artistas añadieron un quinto palo de 21 cartas a la baraja existente de 4 palos. Las 21 cartas recién añadidas y especialmente diseñadas se llamaron trionfi, tarocchi, o "triunfo". También se añadió otra carta extraña llamada il matto, o "el loco", para convertir la baraja de tarot en una colección de 78 cartas. Las cartas del tarot se utilizaban habitualmente en Venecia, Milán, Florencia y Urbino.

Con la creciente popularidad de las barajas de tarot, las familias ricas italianas, como la familia Visconti de Milán, empezaron a encargar barajas personalizadas que incluían pinturas y retratos de sus amigos íntimos y familiares. Los artistas italianos crearon cartas de triunfo personalizadas para estas familias adineradas.

Se trataba de un asunto caro y restringido a los ricos. Se cree que una lujosa baraja de tarot que se conserva de mediados del siglo XV fue personalizada para Filippo Maria Visconti, el último duque de Milán. Sin embargo, con la llegada de la imprenta, las cartas del tarot se hicieron más asequibles e incluso los ciudadanos de a pie pudieron disfrutar de su uso en sus hogares.

Hasta el siglo XVI, las cartas del tarot solo se utilizaban para jugar, especialmente populares en Francia e Italia. En torno a los siglos XVI y XVII, el tarot también cobró impulso como herramienta de adivinación. Sin embargo, no fue hasta el siglo XVIII cuando se concretaron los significados de cada carta específica y comenzaron a formarse tiradas y distribuciones.

En 1781, Antoine Court de Gebelin escribió un análisis detallado de las barajas del tarot y de los significados y simbolismos específicos de cada carta. Además, relacionó el simbolismo y el significado con los conocimientos ocultos del antiguo Egipto, especialmente con las leyendas de dioses egipcios como Isis y Osiris. Esta obra se hizo muy popular entre los europeos ricos que buscaban conocimientos esotéricos.

Jean-Baptiste Alliette, un ocultista francés, contrarrestó la obra de Gebelin con sus propias teorías e ideas unos años más tarde. En su libro, Alliette explica cómo utilizar la baraja del tarot como herramienta de adivinación. Además, en 1791, diseñó la primera baraja de tarot creada específicamente para la adivinación y no para jugar.

La adivinación y los estudios ocultistas se hicieron muy populares entre los europeos ricos durante y después de la época victoriana. Los actos de ocultismo, como las sesiones de espiritismo y las lecturas de cartas del tarot, eran habituales en fiestas y reuniones sociales. Hoy en día, las lecturas de cartas del tarot se encuentran entre las herramientas de adivinación más utilizadas.

La estructura de una baraja de tarot

Una baraja de tarot se compone de 78 cartas divididas en dos grupos: los arcanos mayores y los arcanos menores. La palabra arcana tiene su origen en "arcano", que a su vez tiene su origen en la palabra latina "arcanum", que se traduce como "secreto o misterioso" o "algo que es conocido o entendido por muy pocas personas".

Los arcanos mayores, también llamados triunfos, constan de 22 cartas y comienzan con la carta del loco, o el cero (0). El resto llevan los números del 1 al 21. Cada una de las 22 cartas tiene un significado esotérico específico. Los arcanos mayores representan el viaje del alma (representada por el loco) a medida que atraviesa diversas etapas de autoconciencia y conocimiento hasta alcanzar la posible iluminación. Los arcanos mayores representan los elementos arquetípicos que las personas ven y con los que interactúan en el mundo. Cada arquetipo significa una etapa crucial del desarrollo espiritual y/o psicológico.

Los arcanos menores, también denominados en inglés pips, constan de 56 cartas que representan los misterios "menores o pequeños" de nuestras vidas y del mundo que nos rodea. Este conjunto de 56 cartas se clasifica a su vez en cuatro palos, a saber:

- El palo de bastos
- El palo de espadas
- El palo de copas
- El palo de pentáculos

Cada uno de los cuatro palos consta de 14 cartas, desde el número 1 (también llamado as) hasta el 10 (10 cartas) y cuatro "cartas de la corte", que incluyen el paje, el caballero, la reina y el rey. Aunque la mayoría de las barajas tienen 78 cartas, algunas tienen menos o más. Este libro trata principalmente de la baraja de 78 cartas. Más adelante se describen en detalle los arcanos mayores y menores.

Tipos de barajas del tarot

El número de tipos de barajas disponibles hoy en día es alucinante. Hay una baraja para cada tipo de practicante y sus gustos o disgustos. Que van desde los personajes del fandom a los personajes de los deportes, no hay límite a la variedad disponible en la actualidad. Independientemente de las imágenes de la baraja, los significados y las interpretaciones de cada carta de los arcanos mayores y menores no cambian. Este capítulo examina algunos de los tipos más básicos de barajas de tarot que han resistido la prueba del tiempo.

Rider-Waite

La Orden de la Aurora Dorada fue uno de los grupos ocultistas más populares de Europa a finales del siglo XIX y principios del XX. Entre los importantes ocultistas que formaban parte de este grupo se encontraban Aleister Crowley, Arthur Waite, Pamela Coleman Smith, etc. Pamela Smith y Arthur Waite crearon la baraja Rider-Waite (también llamada Rider-Waite-Smith) en 1909. Las ilustraciones de Smith para la baraja se inspiraron en gran medida en la obra de arte Sola-Busca, la primera baraja de tarot conocida que data del siglo XV.

La baraja Rider-Waite
https://www.pexels.com/photo/tarot-cards-13321546/

Además, Smith fue la primera en utilizar imágenes, figuras humanas y otros símbolos para las cartas de los arcanos menores, que hasta entonces estaban representadas por una colección de espadas, copas, pentáculos y monedas. Todos estos elementos añadidos por Pamela Smith convirtieron a la Rider-Waite en una baraja de moda y muy solicitada cuando salió a la venta. Aún hoy sigue reinando en el mundo del tarot.

La baraja Rider-Waite-Smith es ideal para principiantes. Utiliza imágenes situacionales en las cartas con las que cualquiera puede relacionarse fácilmente. Las imágenes de las cartas de esta baraja están diseñadas para despertar e iluminar la intuición y desencadenar una respuesta emocional en el cerebro, lo que ayuda a conectar el mensaje recibido con la pregunta formulada.

Thoth

Lady Frieda Harris ilustró la baraja de tarot Thoth o Crowley Thoth bajo la supervisión del famoso ocultista Aleister Crowley, que entrelazó su propia filosofía con las imágenes y el simbolismo de la baraja. Tiene un diseño art déco, y la baraja recibe su nombre de Thoth, el dios egipcio del aprendizaje, la escritura y el cálculo.

La baraja de Thot

Roberto Viesi, CC BY-SA 4.0 <https://creativecommons.org/licenses/by-sa/4.0>, via Wikimedia Commons https://commons.wikimedia.org/wiki/File:The_Major_Arcana_by_Roberto_Viesi.jpg

Esta baraja es la segunda más popular en uso después de la baraja Rider-Waite. La mejor característica de la baraja de Thoth es que está llena de imágenes impresionantes y simbolismo brillante. Los diseños son únicos y bastante diferentes de la baraja tradicional Rider-Waite. Crowley lanzó su baraja con un libro llamado "El libro de Thoth". El libro analiza la baraja de tarot con influencias egipcias, el árbol de la vida, el tetragrámaton, etc. Estas son algunas de las diferencias entre las barajas Thoth y Rider-Waite:

La imaginería de la baraja Rider-Waite, influenciada por el cristianismo, el paganismo y las ideas e historias de la Edad Media, es muy intuitiva, lo que la hace perfecta para principiantes. Es fácil aprender rápidamente sobre las cartas y sus significados. Las imágenes y el simbolismo de la baraja Thoth proceden del antiguo ocultismo esotérico. Por lo tanto, comprender e interpretar los significados de las cartas lleva algo de tiempo y práctica en comparación con el Rider-Waite. Normalmente, un practicante con más experiencia utilizaría la baraja Thoth.

Algunos de los nombres de las cartas también son diferentes. Por ejemplo, la carta de la fuerza en la baraja Rider-Waite es la carta de la lujuria en la baraja Thoth. También, el palo de pentáculos en la baraja Rider-Waite es el palo de discos en la baraja Thoth. Del mismo modo, hay algunas diferencias más entre las dos barajas.

Marsella

El tarot de Marsella fue muy popular en Francia durante los siglos XVII y XVIII para jugar. Se cree que fue creado en Milán antes de que su popularidad y uso se extendieran a Francia, el norte de Italia y Suiza. Como cualquier baraja de tarot estándar, el tarot de Marsella o tarot de Marseille también tiene 78 cartas. Con sus asombrosas imágenes y dibujos, esta baraja hizo que las cartas del tarot pasaran de ser una mera baraja de juego a utilizarse con fines ocultistas.

El tarot de Marsella
Attribution-ShareAlike 2.0 Generic (CC BY-SA 2.0) <https://creativecommons.org/licenses/by-sa/2.0/> https://www.flickr.com/photos/epist/15551700426

Como principiante, debería empezar con la baraja Rider-Waite, aprender y dominar el arte de la lectura de las cartas del tarot, y luego quizás pueda pasar a las otras barajas.

Usos modernos de las cartas del tarot

Hoy en día, las cartas del tarot se utilizan de múltiples maneras y no se limitan como una herramienta de adivinación.

El tarot ayuda a mejorar su salud mental - La lectura y el uso de las cartas del tarot son prácticas espirituales que ayudan a fortalecer la resolución mental y espiritual. La lectura de las cartas del tarot durante momentos de estrés es útil para mejorar su comprensión de la situación actual, difícil y también sus respuestas y reacciones a la misma.

La ansiedad y la depresión son dolencias mentales comunes hoy en día, que requieren el cuidado del alma de la persona afectada. Las cartas del tarot son muy útiles para este fin. Mejoran el conocimiento de uno mismo, lo que, a su vez, ayuda a tratar los problemas con objetividad. Las cartas del tarot le ayudarán a comprender las corrientes subyacentes que causan los problemas en su vida.

El tarot ofrece un enfoque holístico a cualquier forma de terapia - Un lector de tarot genuino y practicante no dudará en guiar a los clientes a la terapia de asesoramiento y médicos calificados para obtener ayuda. Sin embargo, el tarot ofrece un enfoque holístico a todo tipo de terapia, ayudando a los clientes a abrir sus corazones y mentes a las cuestiones más allá de los niveles conscientes.

La lectura de las cartas del tarot ayuda a entablar conversaciones terapéuticas - Un tarotista echa las cartas. Cuando se echa una carta concreta, el cliente puede ver una interpretación que puede coincidir o no con lo que dice el tarotista. Sin embargo, la consonancia o disonancia en los pensamientos de ambos ayuda a los clientes a abrirse y desencadenar conversaciones terapéuticas.

Para terminar este capítulo sobre los fundamentos del tarot, Mark Horn, autor del bestseller "El tarot y las puertas de la luz: Un camino cabalístico hacia la liberación", dijo lo siguiente sobre las percepciones que se obtienen de las cartas del tarot: *"El tarot no predice el futuro. Sin embargo, las cartas le proporcionarán una imagen asombrosamente clara de su presente y del futuro, de modo que pueda tomar decisiones informadas para obtener resultados óptimos".*

Capítulo 2: Desarrollar primero sus poderes psíquicos

El aspecto más importante de la lectura de las cartas del tarot es el poder de la intuición del lector. Los poderes psíquicos desempeñan un papel crucial en las lecturas e interpretaciones precisas de las tiradas, imágenes y dibujos de las cartas del tarot. Por lo tanto, incluso antes de coger una baraja, debe conectar con sus poderes psíquicos y/o intuitivos, desarrollarlos y agudizarlos.

Es importante agudizar sus habilidades intuitivas antes de intentar leer las cartas
https://unsplash.com/photos/D3SzBCAeMhQ

El espectro psíquico

Antes de continuar y explicar el espectro psíquico, es una buena idea dejar de lado algunas ideas erróneas sobre los poderes psíquicos o intuitivos. A menudo, cuando la gente oye la palabra "psíquico", su mente evoca imágenes de bolas de cristal. A veces, piensan en tiendas iluminadas con luces de neón que conducen a habitaciones oscuras en las que se sienta una anciana con una bola de cristal delante, unos cuantos artilugios animatrónicos para manipular sesiones de espiritismo y experiencias sobrenaturales, máquinas de niebla, cortinas de humo, etc. Algunos han sido entrenados para creer que el concepto de "ser psíquico" es una estafa y que no hay nada de cierto en los "dones extrasensoriales".

El primer paso para sintonizar con sus poderes psíquicos es desconectarse de estas lecciones de "estafa" que han sido introducidas en las mentes humanas durante años. Sí, también hay fraudes, estafadores y charlatanes en el mundo de los psíquicos, como los hay en otras industrias y campos de trabajo. Estos charlatanes utilizan el miedo u otro chantaje emocional para aprovecharse de personas vulnerables. El libro no se refiere a este tipo de personas cuando habla de "poderes psíquicos".

Un verdadero psíquico es alguien con dones extrasensoriales, es decir, que puede oír, ver, sentir, tocar y percibir cosas y experiencias más allá del mundo físico. Es posible que una persona "normal" nunca pueda comprender esta capacidad con su proceso de pensamiento limitado por los cinco sentidos. La mayoría de la gente está entrenada para reconocer ciertas cosas del mundo físico. Por ejemplo, todo el mundo sabe que el cielo es azul o gris según las condiciones meteorológicas. Muchas personas pueden reconocer fácilmente la felicidad, la tristeza, la ira, etc.

Todas las experiencias sensoriales humanas se concretan en lo material, lo tangible, o al menos en elementos que pueden sentir fácilmente. Sin embargo, cuanto más profundo, intente bucear en sus experiencias sensoriales, más se dará cuenta de que hay cosas que puede percibir y que no son fácilmente accesibles para el común de la gente. Cuando siga buceando profundamente en sus "poderes extrasensoriales", más podrá acceder y aprovechar el poder de su talento psíquico.

Entonces, ¿qué es la capacidad de ser psíquico? Es la capacidad de procesar experiencias sensoriales e información a un profundo nivel espiritual, emocional y mental. Un psíquico puede utilizar tanto estímulos tangibles como intangibles. Por supuesto, esta definición es demasiado estrecha para abarcar todo el espectro psíquico porque cada uno de nosotros está dotado de diversos grados de este talento. Por lo tanto, el espectro psíquico es bastante amplio y abarca desde percepciones sensoriales pequeñas y aparentemente insignificantes, como ser capaz de percibir el mal humor o el enfado de las personas, hasta aspectos mucho más elevados y sutiles que pueden parecer mágicos a las personas con una percepción "normal".

Puede resultar útil utilizar una ilustración para comprender el concepto de espectro psíquico. Supongamos que cuatro amigos, Susan, Alia, Michael y Nathan, quedan para cenar. Susan llega la primera, pregunta sin vacilar a la señora de la recepción por su mesa reservada y es conducida allí rápidamente. Cuando se sienta, Susan se da cuenta de que su plato no tiene cuchara y al de al lado le falta el tenedor. Su vaso está lleno de agua. Pero el del asiento de enfrente está vacío. Da un sorbo a su vaso y espera a que lleguen sus amigos.

A continuación, Michael entra en el hotel y se da cuenta de que la recepcionista está ocupada con el teléfono. Duda y se pregunta si estará enfadada o triste por su situación. Michael es sensible y no quiere irrumpir bruscamente en sus pensamientos. Así que tose suavemente para llamar su atención. Ella levanta la vista de su teléfono y sonríe a Michael, que se siente aliviado de que esté bien. Él también es conducido a la mesa reservada. Saluda a Susan y charlan mientras Michael hojea el menú, preguntándose qué debería comer.

Ali entra en el restaurante y las experiencias sensoriales que siente la asaltan. Observa la decoración estridente y chillona del local. Se da cuenta de la eficiencia y rapidez con que los camareros hacen su trabajo. Oye a un cliente quejarse en voz alta por teléfono en algún lugar del fondo. Después de colgar el teléfono, se dirige bruscamente a la señora que está a su lado y a los dos niños sentados en el sofá de enfrente. Se pregunta durante cuánto tiempo aceptarán la señora y los niños su comportamiento arrogante. ¿Se convertirán en adultos agresivos o dóciles? De repente, oye que la llaman por su nombre y ve que Susan y Michael la saludan desde una mesa. Se apresura a reunirse con ellos.

Nathan entra el último, y sus sentimientos y experiencias son mucho mayores que los de cualquiera de sus tres amigos. Se siente totalmente abrumado por las imágenes, los sonidos, los olores, los movimientos y, gracias al aire acondicionado, por el frío del ambiente. Incluso puede percibir la dinámica interpersonal de dos parejas sentadas en dos mesas diferentes. De repente, siente que la tristeza flota en el aire, como si el lugar hubiera acumulado dolor y agonía. Nathan se pregunta si ha ocurrido algún accidente. ¿Tal vez muertes? ¿O un incendio en el que hubiera muerto gente? Se reúne con sus amigos y lo pasan bien juntos. Pero Nathan no puede deshacerse de la sensación de terror durante toda la comida.

Del ejemplo anterior se desprende que cuatro personas diferentes vieron y experimentaron cosas distintas en el mismo entorno y en medio de los mismos estímulos. Las capacidades y el alcance sensoriales de cada persona son diferentes y únicos. Utilice este ejemplo para comprender sus propias capacidades sensoriales. ¿Cuántos estímulos y energía absorbe? ¿Qué tipo de estímulos le afectan más, espiritual, mental y/o emocionalmente? Cuando conecte con sus propios dones y talentos, podrá profundizar y aprovechar su poder psíquico.

Cómo desarrollar poderes psíquicos

En la mayoría de los casos, los poderes psíquicos se desarrollan al máximo durante la infancia. Estos talentos suelen ser transmitidos por personas cercanas, como miembros de la familia o incluso amigos queridos. Por ejemplo, la madre de un niño puede sintonizar profundamente con sus poderes psíquicos, y podría enseñar a su hijo a utilizarlos.

Los niños tienden a observar y darse cuenta mucho más que los adultos porque, en esa etapa, los instintos de supervivencia son fuertes. A medida que crecen, se les entrena para "no ser tan sensibles". Se les enseña a no creer en cosas "absurdas" como fantasmas y seres espirituales. Se les condiciona para que se desconecten de sus poderes intuitivos. Se les enseña que las emociones y los elementos extrasensoriales son anatemas para la lógica y el razonamiento científicos.

Es hora de cambiar las cosas, aceptar sus dones innatos y saber que los poderes psíquicos no son "extraños y opuestos" a la ciencia y la lógica, sino que simplemente están fuera del alcance actual de la métrica científica. En lugar de suprimir sus dones inherentes, debe aceptarlos y aprender a desarrollarlos.

Trate sus poderes psíquicos como a un amigo perdido hace tiempo. ¿Cómo ve a los viejos amigos del colegio con los que se ha reencontrado después de mucho tiempo? Ahora son personas nuevas, ¿verdad? Pueden parecer extraños al principio de las segundas entradas. Y, sin embargo, cuando se siente a hablar con ellos, surgirán viejos recuerdos perdidos en su subconsciente, y esos lazos aparentemente rotos se formarán de nuevo, más fuertes y mejores que antes.

Haga lo mismo con sus poderes intuitivos. Vuelva a conectar con ella como lo haría con un querido amigo de la infancia. Su intuición siempre ha formado parte de su espíritu. Solo que yace olvidada entre los escombros de las complicaciones de la vida. Desentiérrala y vuelve a conectar con ella. Utilice estos ejercicios diarios como ayuda.

Colores con emociones

Conecte sus emociones con los colores. He aquí un ejemplo. Supongamos que ha tenido una conversación difícil con su jefe. Está enfadado porque parece que no entienden su punto de vista. Asocie el enfado con un color de su elección, por ejemplo, el marrón. Cada vez que se enfade, visualice el color marrón en su mente. Cuando lo haga repetidamente, su intuición registrará la asociación del color marrón con la ira, lo que, a su vez, le ayudará a ver emociones que no son obvias.

Por ejemplo, si está manteniendo una conversación aparentemente normal con su cónyuge. Pero ve el color marrón. Entonces podría significar que hay enfado en el ambiente. Y como usted no está enfadado, significa que su cónyuge está enfadado por algo. Puede hablar de ello con su cónyuge.

Otro ejemplo: supongamos que alguien intenta ligar con usted y a usted le gusta esa sensación. Puede asociar el sentimiento de romance y amor con el rosa. Siga relacionando esta emoción con este color tanto como pueda. Pronto, su intuición asociará el rosa con el amor y el romanticismo. Al cabo de un tiempo, si ve el color rosa cuando su amigo o un familiar habla de otra persona, su intuición le está diciendo que existe un vínculo romántico.

Exploración de habitaciones o espacios

Escanear el entorno o el espacio que le rodea es una forma excelente de desarrollar sus habilidades psíquicas. Este ejercicio puede parecer un poco incómodo al principio. Sin embargo, nadie más verá su práctica porque está completamente en su mente. Utilice estos pasos como ayuda:

- Colóquese en cualquier lugar de la habitación o espacio que desee escanear, asegurándose de que puede ver claramente por todos los lados.
- Puede moverse físicamente para realizar la exploración o utilizar los ojos.
- Observe las vistas, los sonidos, los olores, los objetos, etc., del espacio.
- Fíjese en las esquinas, los alféizares, las puertas y ventanas, las mesas y sillas y el resto del mobiliario.
- ¿Qué es lo que más le atrae?
- ¿Qué cosas no le gustan de la habitación?
- ¿Qué objetos le dan una vibración negativa?
- ¿Cuáles le dan una vibración positiva?

Anote mentalmente sus sentimientos sobre todas estas cosas. Acuérdese de escribirlas antes de que se le olviden. Repita el ejercicio de exploración en todas partes, incluidos espacios exteriores como parques, centros comerciales, oficinas, metro, etc. El ejercicio de exploración le ayudará a ser más consciente de lo que le rodea. Cuanto más desarrolle esta conciencia, más posibilidades tendrá de percibir los cambios energéticos.

Cuando domine el escaneo de espacios o habitaciones, extrapole el ejercicio a recuerdos y experiencias pasadas. Recuerde recordar tantos detalles como sea posible sobre las experiencias buenas y malas. ¿Qué provocó el cambio de energía que condujo a la experiencia agradable o desagradable?

El dominio de la exploración de los recuerdos del pasado le ayudará a prever acontecimientos y sucesos futuros. Los expertos opinan que éste es uno de los ejercicios más básicos pero poderosos que conducen a la proyección astral o a la capacidad de tener experiencias voluntarias fuera del cuerpo. La proyección astral requiere años de práctica diligente y paciente antes de que alguien pueda concretarla. Solo aquellos con habilidades psíquicas extremadamente poderosas pueden hacerlo. Sin embargo, el ejercicio de exploración mencionado anteriormente es el primer paso hacia ella.

Diario de sueños

Los sueños son un portal entre el mundo físico y el mundo espiritual y los reinos de otro mundo. Conectan las mentes subconsciente y consciente. Los sueños le ayudan a llegar a innumerables recuerdos que están profundamente arraigados en su psique. La gente crea constantemente fronteras entre su mente consciente y su subconsciente en el mundo físico. Estos límites son necesarios debido a sus limitadas capacidades sensoriales.

He aquí cómo le ayudan los límites en el mundo práctico. A cada momento, sus sentidos se ven asaltados por una serie de estímulos, y usted no puede ingerirlos todos. Se volvería loco si tuviera que hacerlo. La mayoría de sus experiencias sensoriales y recuerdos van directamente a su subconsciente, donde se almacenan para su uso posterior en caso necesario.

Los sueños son la mejor forma de conectar con el subconsciente y recuperar esos recuerdos. Una poderosa conexión con su mente subconsciente ayuda a desarrollar sus habilidades psíquicas. Por lo tanto, los sueños son excelentes vías para mejorar los poderes intuitivos.

Los sueños ocurren en un mundo completamente libre de limitaciones. En sus sueños puede moverse sin esfuerzo, sin barreras físicas, por todas partes. Puede viajar a otros países. Se puede viajar en el tiempo, al pasado y al futuro.

Los sueños son una representación de una realidad alternativa. Cuanto más sueñe, más poderosa se volverá su intuición y más cómodo se sentirá al tratar con su mente subconsciente. Con ello, se dará cuenta y aprovechará el poder de la fluidez que existe entre los mundos. Utilice estos consejos para iniciar y mantener un diario de sueños:

- Tenga siempre un bolígrafo y un papel cerca de la cama para poder anotar lo que ha visto en sus sueños en cuanto se despierte. La inmediatez y la rapidez son aspectos clave para mantener diarios de sueños precisos. Si se despierta en mitad de la noche después de un sueño, intente anotar los puntos que pueda recordar antes de volver a dormirse.
- Utilice el tiempo presente para escribir su diario de sueños. Escríbalo como si estuviera soñando. De este modo, aumentan las posibilidades de recordar el mayor número posible de detalles del sueño.

- No olvide añadir las emociones que sintió. No solo es importante el argumento o los acontecimientos que tuvieron lugar en el sueño, sino también cómo se sentía. ¿Disfrutó con lo que pasó? ¿O se asustó o se entristeció? ¿Sintió vergüenza o pudor? ¿Le resultaba familiar el escenario?

Llevar un diario de los sueños le ayuda a crear una fuerte conexión con su subconsciente y facilita los sueños lúcidos, en los que puede navegar por el sueño y controlarlo. La manifestación de los deseos se puede utilizar a través de los sueños lúcidos.

Lectura de la energía de objetos y personas

Todo en este cosmos está hecho de energía. Todos los elementos tangibles e intangibles del universo, incluidos los objetos, las personas, los sentimientos, los pensamientos y todo lo demás, son manifestaciones de energía en diferentes formas. Por lo tanto, si puede leer e interpretar la energía de cualquier elemento, puede descubrir los secretos ocultos que el elemento guarda en su núcleo, lo cual es una ventaja directa para desarrollar sus poderes psíquicos.

En primer lugar, averigüe si usted es una esponja de energía o una fuente de energía. Solo cuando sepa esto podrá tomar el control de la energía de su entorno. La mayoría de la gente no es consciente de cómo su energía afecta a los demás y al espacio que les rodea. Las energías negativas de algunas personas pueden cubrir toda una habitación y, de forma inesperada e inexplicable, el estado de ánimo de la habitación puede transformarse de feliz a triste.

Por el contrario, las personas con vibraciones alegres y positivas pueden contagiar la alegría y el amor a todos los que estén cerca. Evidentemente, lo ideal es evitar o contrarrestar las vibraciones negativas y las positivas. Leer la energía de las personas y las cosas le ayudará a conseguirlo.

Utilice estos consejos para desarrollar sus habilidades de lectura de la energía:

Concéntrese en el lenguaje corporal: Cuando intente leer la energía de las personas, céntrese en los aspectos no verbales tanto como en las palabras que dicen. Preste atención a sus ojos, al tono de su voz, a cómo le dan la mano y a las vibraciones que emiten.

Concéntrese en sus sentimientos y recuerdos sobre los objetos: ¿Qué tipo de recuerdos evoca un objeto? ¿Le hace sentirse triste, feliz o enfadado? Por ejemplo, si tenía un anillo con un corazón hecho de piedras para simbolizar a su ex pareja, y esa relación terminó mal, dejándole el corazón roto, cualquier objeto con forma de corazón similar a ese anillo podría evocar tristeza o, tal vez, resentimiento en su mente. La energía de ese objeto se alinea con sus sentimientos y pensamientos.

Capítulo 3: Cábala y tarot: Una conexión mística

El misticismo de la cábala puede ayudar al lector a mirar a través del misticismo oculto en las cartas del tarot. La vida y el cosmos entero consisten en capas complejas de materia y energía interconectadas. La cábala es la ciencia que nos ayuda a comprender y desentrañar esta vasta interconexión. La cábala es una ciencia eterna y atemporal que va más allá de las nociones limitadas de tiempo, espacio y limitaciones físicas a las que están acostumbrados los seres humanos.

Cábala es una palabra hebrea que se refiere al estudio de las leyes fundamentales del universo que sustentan la existencia y la no existencia. Es importante destacar que, aunque la cábala es una palabra hebrea, su estudio no se limita a un solo grupo religioso. El concepto de interconexión, la creencia central de la cábala, está disponible en diversas formas a través de varias culturas y religiones del mundo.

Por ejemplo, en el budismo tibetano, las ideas filosóficas similares a lo que se explica en la cábala se denominan colectivamente kalachakra. Incluso la física moderna, especialmente los descubrimientos de la física cuántica, coinciden con las ideas mencionadas en los antiguos textos de la cábala. Sin embargo, a la física moderna le queda un largo camino por recorrer antes de poder "demostrar" lo que los sabios antiguos ya sabían y registraron.

El árbol de la vida

Según la cábala, el árbol de la vida está formado por diez sefirot (en singular, sefirá). El árbol de la vida se compone de las tres tríadas, a saber, las tríadas del intelecto, la emoción y el instinto, dispuestas horizontalmente. Estas tríadas representan el flujo de energía desde la más alta, Kéter o corona, que se encuentra por encima de la tríada del intelecto, hasta la sefirá más baja (la décima), Maljut, por debajo de la tríada del instinto.

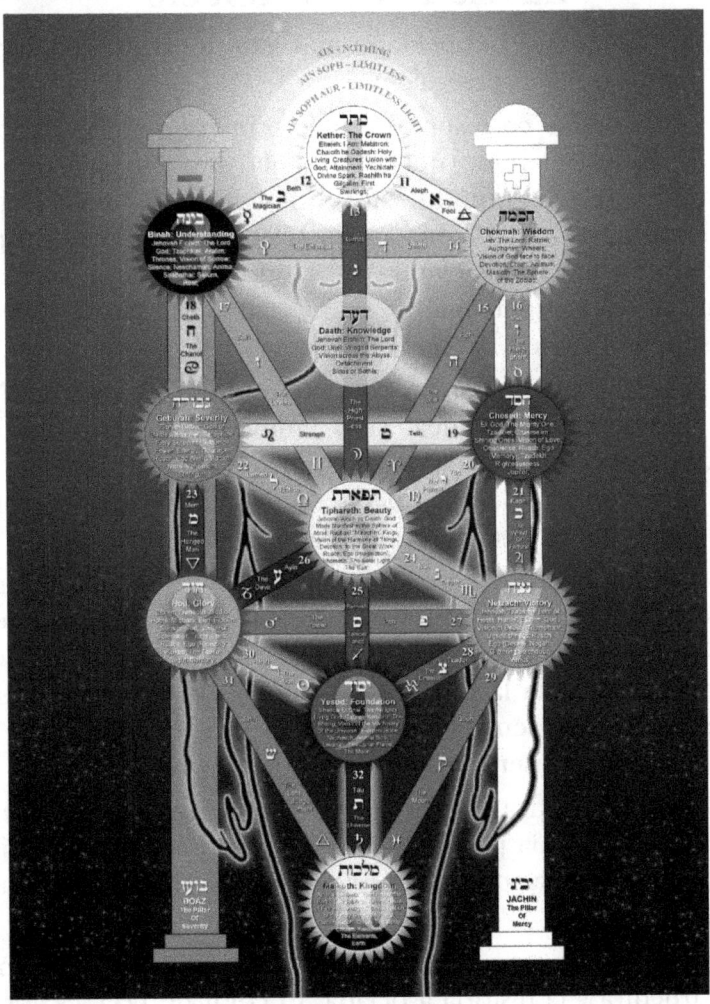

El árbol de la vida
Alan James Garner, CC BY-SA 3.0 <https://creativecommons.org/licenses/by-sa/3.0>, vía Wikimedia Commons https://commons.wikimedia.org/wiki/File:Tree_of_Life_2009_large.png

Kéter o la corona también se llama el "superconsciente", un campo infinito de energía y posibilidad. Kéter es el estado supremo del ser. Es el punto de contacto con los planos espirituales superiores.

La energía fluye a través del árbol de la vida y de cada uno de los nueve sefirot hasta llegar a Maljut, que representa la intención desde el campo de las posibilidades infinitas hasta el espacio de la manifestación finita.

La tríada del intelecto

La tríada del Intelecto es el peldaño más alto del árbol de la vida y está formada por los tres sefirot siguientes:

Jojmá - La sefirá corresponde a la primera semilla de una idea extraída de Kéter, el reino de las posibilidades infinitas. El alma, el aspecto más etéreo del mundo físico, que concibe la realidad física. Se hace referencia a Jojmá con muchos nombres, como inspiración, percepción, conciencia incipiente, etc., todos los cuales apuntan a esa semilla inicial, casi imperceptible, de pensamiento que se abre camino desde la superconciencia hasta el nivel superior de la conciencia.

Jojmá es el primer destello de intelecto o inspiración. No solo contiene la semilla de la idea, sino también todos los detalles. Sin embargo, está tan concentrada que solo aparece en su forma de semilla, mientras que todo lo demás queda oscurecido. Jojmá se representa como un punto que contiene todo el potencial sin actualizar.

Biná - Biná se interpreta como comprensión y se refiere al estado de la "idea semilla" que se está desarrollando. Es la etapa en la que la idea derivada de la inspiración y la perspicacia de Jojmá adquiere una estructura y se formula la historia. El color asociado a Biná es el rojo oscuro, porque representa el color de la sangre coagulada. En este contexto, la sangre se asemeja a la semilla de una idea.

Biná también significa derivar algo de otra cosa, extraer una cosa de otra. Biná expande y da profundidad y amplitud a la semilla original de Jojmá. Hay que señalar que Biná solo se ocupa del potencial abstracto contenido en la idea.

Daat - Esta sefirá representa la identificación y la conexión con la idea, la estructura y la historia asociada. El color de Daat es gris porque el gris representa la conexión íntima. Daat es la sefirá que convierte el potencial abstracto en realidad. La facultad de Daat une las emociones y el intelecto. Cuando se conecta con la idea tan profundamente que se convierte en uno con ella, solo entonces puede *sentir por la idea* y obtener el poder de llevarla a la realidad. Esta es la facultad de Daat.

La tríada de las emociones

La cuarta sefirá es Jésed y es la primera de la tríada de emociones. Jésed se traduce como amor y misericordia sin límites, que atrae y facilita la expansión, el crecimiento, la ampliación del círculo y la preocupación empática. El color de Jésed es azul para simbolizar el "flujo", como el flujo del agua azul. Jésed también se conoce como bondad amorosa, que difunde compasión y benevolencia ilimitadas.

Gevurá es la quinta sefirá y la segunda de la tríada de las emociones. Representa la fuerza e implica establecer límites, aprender a decir no y centrarse. El color de Gevurá es el rojo, el color que dice "ALTO" o "NO", que, a su vez, significa poner límites o tener limitaciones.

Gevurá es el atributo del control y la restricción, que oculta la infinita fuerza activadora de la vida y la creación para que puedan existir entidades tangibles para la experiencia humana. Gevurá también está asociada a la ley y la justicia, de modo que Jésed o bondad ilimitada se distribuye de forma limitada y según los méritos de cada uno. Los límites de Gevurá permiten que existan la creación y la realidad tangible. De lo contrario, todo y todos habrían sido anulados en el infinito Jésed.

Tiféret, la sexta sefirá, representa la belleza y la compasión. Representa el equilibrio y la armonización de energías opuestas de todo tipo. El color de Tiféret es el amarillo, que simboliza la radiación de la luz. Tiféret combina armoniosamente las facultades de Jésed y Gevurá, dando lugar a la belleza en el mundo. Se puede comparar a Tiféret con el corazón en el centro del cuerpo, que media entre la derecha y la izquierda para crear armonía y belleza.

Tríada de instintos

Netsaj es la séptima sefirá y representa la victoria. La palabra Netsaj viene de "menatzeach", que significa "vencer" o "conquistar". Representa el éxito de alcanzar su intención orquestada tras superar retos y obstáculos. El color de Netsaj es el púrpura, el color del dominio y el poder.

Hod es la siguiente sefirá del árbol de la vida. Representa la rendición o la sumisión, justo lo contrario de los atributos de Netsaj (superación y conquista). Le dice que dejar ir, ceder y aceptar son formas de reconocer lo que está fuera de su control para que pueda alcanzar sus sueños. El naranja, color de la esperanza y la restauración, es el color de Hod.

Yesod es la última sefirá de la tríada del instinto y representa el retorcimiento y el cambio de su verdad hasta que encuentre su autenticidad. Yesod es el embudo a través del cual la energía de las sefirot anteriores se canaliza hacia la realidad física. El color de Yesod es el verde, que representa la renovación.

La última sefirá es Maljut, la más baja. Representa la culminación del flujo de energía desde Kéter (la superconciencia intangible) hasta la actualidad física. Maljut representa la manifestación y la expresión. Su color es el marrón, el color de la tierra y del suelo.

El árbol de la vida es un mapa que muestra el flujo de energía intangible desde la realidad infinita hasta la forma tangible. El árbol de la vida nos insta a encontrar nuestro propósito más profundo y a no dejarnos llevar meramente por el materialismo. Le dice que bucee profundamente y encuentre las raíces de sus intangibles, que luego puede aprovechar en el mundo físico.

La conexión entre el tarot y el árbol de la vida

El árbol de la vida representa las leyes universales de la realidad. Representa el flujo eterno del principio divino desde el reino intangible a la realidad física gobernada por sus cinco sentidos. El árbol de la vida no está ahí fuera, sino que vive en cada individuo. Su vida es la representación microcósmica del macrocosmos. Los ecos del mundo exterior también se encuentran dentro de ti.

El flujo de energía es tanto ascendente como descendente. Si sigue el flujo de energía hacia abajo, llegará a la manifestación física del principio divino intangible. Si lo sigue hacia arriba, puede encontrar la fuente divina de infinitas posibilidades.

Los 22 caminos del árbol de la vida y los arcanos mayores

El árbol de la vida consta de las 10 sefirot interconectadas a través de 22 senderos, también llamados el sendero de la serpiente. Cada camino que conecta dos nodos (o sefirot) simboliza las lecciones que se aprenden al recorrer ese camino desde un nodo hasta el nodo de conexión.

El sendero de la serpiente simboliza el viaje de un buscador para reconectar con su divinidad perdida. El camino representa la curación a medida que uno asciende, anhelando fundirse con la divinidad última. Los 22 caminos representan el crecimiento y el desarrollo a medida que caminamos por nuestro mundo interior, de forma similar a como los arcanos mayores con 22 cartas representan el viaje del Loco.

Los arcanos mayores simbolizan la evolución del espíritu humano desde la ignorancia hasta la iluminación total. También representa el regreso del alma a su fuente divina, de la materia al espíritu. Las 22 cartas de los arcanos mayores también están relacionadas con las 22 letras del alfabetos hebreo, a saber: alef, beth, guímel, dálet, hei, vav, zayn, jet, tet, yod, kaf, lámed, mem, nun, sámej, ayin, pei, tzadi, qof, resh, shin y tav.

He aquí un resumen de las conexiones de las cartas de los arcanos mayores con su hebreo y la cábala. A medida que aprenda más en el capítulo siguiente, su comprensión será más profunda y mejor.

La carta del loco - Alef - Energía primordial, iletrado, ingenuo e inconsciente. La carta del loco representa el camino entre Kéter Y Jojmá.

La carta del mago - Beth - Concentración y atención para comenzar el viaje hacia el aprendizaje y el crecimiento. Representa el camino entre Kéter y Biná.

La carta de la suma sacerdotisa - Guímel - Inconsciente, edificante. Representa el camino de Kéter a Tiféret.

La carta de la emperatriz - Dálet - Nutrición, viaje. Representa el camino de Jojmá a Biná.

La carta del emperador - Hei - Razonamiento y visión. El camino entre Jojmá y Tiféret.

La carta del hierofante - Vav - Seguridad, conexiones. El camino de Jojmá a Jésed.

La carta de los enamorados - Zayn - Corte, discernimiento y la aguda capacidad de distinguir con precisión. El camino de Biná a Tiféret.

La carta del carro - Jet - Encierro y separación. El camino de Biná a Gevurá.

La carta de la fuerza - Tet - Torcer, rodear. el camino de Gevurá a Tiféret.

La carta del ermitaño - Yod - Trabajo, acción y obras. El camino entre Jésed y Tiféret.

La carta de la rueda de la fortuna - Kaf - Agarrar, sostener, cubrir. El camino entre Jésed y Netsaj.

La carta de la justicia - Lámed - Lengua, pinchar, cavar. El camino entre Gevurá y Jésed.

El ahorcado - Mem - Invertir, cambiar, dominar. El camino entre Gevurá y Hod.

La carta de la muerte - Nun - Actividad, vida, renacimiento, brotar. El camino de Tiféret a Netsaj.

La carta de la templanza - Sámej - Principio, doctrina, sistema de apoyo. El camino de Tiféret a Yesod.

La carta del diablo - Ayin - Conocimiento, lecciones y habilidades, experiencia. El camino de Tiféret a Hod.

La carta de la torre – Pei - Palabras, discurso, comunicación. El camino de Hod a Netsaj.

La carta de la estrella - Tzadi - Cosecha, fruto, integridad. El camino de Netsaj a Yesod.

La carta de la luna - Qof - Invisible, no obvio, oculto. El camino de Netsaj a Maljut.

La carta del sol - Resh - Redención, lo último, lo mejor. El camino de Hod a Yesod.

La carta del juicio - Shin - Destrucción, consumo. El camino de Hod a Maljut.

La carta del mundo - Tav - La verdad suprema, el pacto. El camino de Yesod a Maljut.

Capítulo 4: La astrología detrás del tarot

Este capítulo está dedicado a la perspectiva astrológica de las cartas del tarot. Comenzará con la mejora de su comprensión de la astrología.

¿Qué es la astrología?

La astrología puede llamarse "el lenguaje del cielo". Estudia los movimientos de los planetas y las estrellas y cómo afectan a la vida humana. Es el estudio de la conexión entre los acontecimientos humanos y la actividad celeste.

La astrología estudia el movimiento y los patrones de las estrellas y cómo afectan a la vida humana

ESA/Hubble, CC BY 4.0 <https://creativecommons.org/licenses/by/4.0>, vía Wikimedia Commons https://commons.wikimedia.org/wiki/File:A_home_for_old_stars.jpg

Las actividades celestes incluyen el movimiento de los planetas, las estrellas y los signos del zodiaco. Los acontecimientos humanos incluyen las carreras, las relaciones, la consecución de los sueños y todo lo que los humanos desean. Un astrólogo practica la astrología. Consultar a un astrólogo tiene múltiples ventajas.

Un astrólogo puede predecir su futuro. Esto no significa que vaya a conocer con exactitud los resultados futuros. Basándose en la actividad celeste, su astrólogo puede darle una visión significativa de su futuro. Tampoco puede cambiar realmente su futuro. Sin embargo, si predice un futuro no muy agradable, puede prepararse para sacar lo mejor de él. Si por el contrario augura grandes cosas, puede prepararse para optimizar los resultados en la medida de lo posible.

Puede comprobar la compatibilidad de su relación. Las relaciones sólidas se forman entre personas cuyos procesos de pensamiento y expectativas vitales coinciden más o menos. Cuando su compatibilidad física, mental y espiritual y la de su pareja están alineadas, las posibilidades de que su relación se mantenga y crezca con fuerza son altas. La astrología le ayudará a comprobar la compatibilidad de su pareja.

Con la ayuda de la astrología, puede superar retos y obstáculos. Los astrólogos pueden ayudarle a dividir obstáculos y retos aparentemente insuperables en partes más pequeñas y manejables, ayudándole a afrontarlos de uno en uno, basándose en la actividad celeste. Puede conocer los retos que le esperan a la vuelta de la esquina y prepararse para afrontarlos.

Los planetas y su significado

Los diferentes planetas y otros cuerpos celestes están relacionados con diversos aspectos de la personalidad humana. La posición de los planetas en la carta astral y sus movimientos en el zodíaco influyen en la personalidad, la forma de pensar y la manera de actuar y responder. Interpretar el significado de los planetas y sus movimientos ayuda a predecir el futuro y a comprender el pasado y el presente.

Veamos ahora las conexiones entre los siete planetas según la astrología occidental: el Sol, la Luna, Mercurio, Venus, Marte, Saturno y Júpiter.

El Sol: simboliza el yo y es la luz de la vida en la Tierra. El Sol se asocia con la masculinidad, la creatividad, la autoexpresión, el ego, la vitalidad y la individualidad. Este planeta representa una figura paterna, el poder, la confianza y la autoridad. La posición del Sol en su carta natal determina su trato con la gente. En una posición fuerte, el Sol le dota de fuerza de voluntad y energía vital. También representa su conexión con su naturaleza espiritual y su yo superior. El Sol tarda un mes en pasar de un zodíaco a otro.

La Luna: es el planeta de las emociones y se asocia con rasgos de la personalidad como los hábitos, los comportamientos, los instintos, la intuición y la feminidad. Tarda de 2 a 3 días en pasar de un signo zodiacal a otro. La Luna simboliza su alma y su yo interior. En una posición difícil, la Luna puede influir negativamente en su estado de ánimo y su estabilidad mental. La Luna le hace fuerte, valiente y tranquilo cuando se coloca en la casa del ascendente.

Mercurio: se ocupa de la comunicación, las ideas y la inteligencia. Tarda de 3 a 4 semanas en moverse entre los signos zodiacales. Mercurio rige las habilidades analíticas, las capacidades de respuesta y reacción, los poderes de captación y memoria, y la comunicación verbal y no verbal. Cuando Mercurio está en el lugar correcto de su carta natal, su fuerza mental es grande y su capacidad de comunicación también es muy buena.

Venus: es el planeta de la belleza y rige actividades humanas como el amor, las relaciones, el placer y el arte. Su tránsito de un zodíaco al siguiente dura unas 4-5 semanas. Este planeta de la belleza simboliza su lenguaje amoroso y su estética. En su horóscopo, Venus rige sus gustos personales, los noviazgos y las relaciones (tanto con las personas como con las finanzas).

Marte: es el planeta de la acción y tarda unas 6-7 semanas en transitar entre los signos del zodíaco. Gobierna la pasión, la agresividad, la libido, el coraje, el deseo y la competición. Marte rige su determinación e impulso para hacer las cosas. La posición de Marte en su vida le permite comprender su energía, su sexualidad y los sueños y deseos que le animan. También rige su ira y, en una posición difícil, puede convertir su ira en su mayor enemigo.

Júpiter: es el planeta de la expansión y se asocia con la sabiduría, el optimismo, el crecimiento, la propiedad y la influencia. Tarda entre 12 y 13 meses en transitar entre los signos del zodíaco; Júpiter le colma de suerte, prosperidad, salud y todas las cosas buenas de la vida, siempre que se encuentre en el lugar adecuado de su horóscopo.

Saturno: es el planeta de la estructura y rige el karma, la disciplina, la perseverancia, los obstáculos, la restricción, la ley y la justicia. Es el planeta más lento de la astrología y tarda entre 2 y 3 años en transitar entre los signos del zodiaco. Saturno tiene que ver con la autoridad moral y las obligaciones. Cuando Saturno impacta negativamente en su vida, (aparentemente), es un recordatorio de que debe entregar su vida a Dios.

Entender el zodíaco

Además de los planetas, la astrología se rige por los 12 signos del zodíaco (según la fecha de nacimiento), que incluyen:

- Aries (21 de marzo - 19 de abril)
- Tauro (20 de abril - 20 de mayo)
- Géminis (20 de mayo - 20 de junio)
- Cáncer (21 de junio - 22 de julio)
- Leo (23 de julio - 22 de agosto)
- Virgo (23 agosto - 22 septiembre)
- Libra (23 septiembre - 22 octubre)
- Escorpio (23 octubre - 21 noviembre)
- Sagitario (22 noviembre - 21 diciembre)
- Capricornio (22 diciembre - 19 enero)
- Acuario (20 de enero - 18 de febrero)
- Piscis (19 de febrero - 20 de marzo).

Cada signo del zodiaco mencionado anteriormente ocupa un lugar en este cosmos; ninguno es bueno ni malo. Trabajan juntos para producir resultados kármicos. Los 12 signos del zodiaco se clasifican en cuatro grupos según los cuatro elementos, lo que da lugar a cuatro tipos: signos de fuego, signos de agua, signos de aire y signos de tierra.

Los signos de agua, como Cáncer, Escorpio y Piscis, tienden a ser demasiado sensibles y emocionales. Tienen una intuición poderosa, también pueden ser misteriosos y rara vez son locuaces. Les gusta la intimidad y las conversaciones tranquilas y profundas.

Los signos de fuego (Aries, Leo y Sagitario) suelen ser muy temperamentales y apasionados, se enfadan con rapidez, pero son igualmente fáciles de perdonar y seguir adelante. Tienen mucha energía y siempre están en busca de aventuras y listos para la acción. Al igual que el elemento que representan, son muy fuertes e inspiran a los demás para que den lo mejor de sí mismos.

Los signos de tierra (Tauro, Virgo y Capricornio) no solo tienen los pies en la tierra ellos mismos, sino que también mantienen a los demás totalmente prácticos y con los pies en la tierra. Suelen tener perspectivas realistas, pero también pueden ser bastante emocionales. Están profundamente conectados con las cosas materialistas, quizá debido a su profundo sentido de la practicidad y la lógica.

Los signos de aire (Géminis, Libra y Acuario) tienden a ser muy habladores y disfrutan de las interacciones sociales. También son muy racionales y profundos pensadores que analizan todo a través de su agudo intelecto. Son amantes de los libros y de las discusiones filosóficas. Sin embargo, las personas nacidas bajo los signos de tierra también pueden ser bastante superficiales.

Veamos ahora las características de las personas nacidas bajo cada uno de los 12 signos.

Aries: el símbolo de Aries es la cabeza de un carnero. Al igual que el carnero, las personas nacidas bajo este signo son fogosas (a propósito del elemento fuego) y adoran la competición. Se lanzan a todo tipo de competición, a menudo impetuosamente. La paciencia no es una de sus virtudes, pero sí lo es la honestidad a ultranza (a veces incluso dolorosa). Al igual que Marte, que rige Aries, los nacidos bajo este signo del zodíaco son muy impulsivos y siempre quieren ser los primeros en todo lo que hacen.

Tauro: la cabeza de toro representa a este signo de tierra. A los Tauro les encanta relajarse en un entorno tranquilo y apacible. Como al toro, les encanta sumergirse durante horas en el agua. Son persistentes y leales, aunque a menudo se les tacha de perezosos y testarudos. Tauro está regido por Venus, el planeta del amor, lo que convierte a los taurinos en una de las personas más sensuales.

Géminis: el símbolo de este signo de aire son los gemelos celestes (a veces, el número romano II), y con razón. Son tan ambiciosos y quieren tantas cosas que se conforman con llevar dos vidas para alcanzar sus sueños. Al igual que la doble vida que les gusta llevar, los nacidos bajo Géminis son conocidos por ser tan sociables e inteligentes como indecisos y superficiales. Mercurio rige este signo del zodiaco, por lo que los Géminis pueden absorber y procesar la información más rápido que la mayoría de la gente.

Cáncer: el cangrejo es el símbolo zodiacal de Cáncer. Las personas nacidas bajo este signo de agua son excelentes en la gestión de sus reinos emocional y materialista con igual maestría. Los cancerianos son personas caritativas y amistosas. Y, sin embargo, pueden volverse desagradables e hirientes si se les intenta sacar de su caparazón (o de su zona de confort). Son personas muy intuitivas y esponjas emocionales, y harán todo lo posible por protegerse emocionalmente. Cáncer está regido por la Luna, lo que explica su personalidad altamente emocional.

Leo: el león es el símbolo de Leo. Como el rey de la selva, los Leo son leales y apasionados. Sin embargo, también pueden ser muy dramáticos en todo lo que les involucra y disfrutan deleitándose en su propia gloria. Al igual que el Sol que rige este signo, los nacidos bajo este signo de fuego no rehúyen abrazar su estatus real. Lo manifiestan a través de su vivacidad y su actitud fogosa. Aunque son orgullosos y valientes, tienden a ser muy agresivos y arrogantes.

Virgo: este signo de tierra está simbolizado por la doncella, que representa a la diosa del trigo y la agricultura. Virgo está regido por Mercurio, el encargado de la comunicación. Los Virgo son diligentes, prácticos, lógicos, organizados y están profundamente conectados con el mundo práctico. Saben cómo hacer las cosas y hacerlas bien. Su mayor inconveniente y fortaleza es el perfeccionismo. Por eso, son diligentes a la hora de mejorar sus habilidades y también acaban preocupándose más de lo necesario.

Libra: la balanza representa a este signo de aire. Los Libra se obsesionan por alcanzar el equilibrio en cualquier situación. Obsesionados con la simetría, los Libra persiguen el equilibrio allá donde van, especialmente en los asuntos del corazón (lo cual no es necesariamente fácil). Son conocidos por ser extrovertidos inteligentes, pero odian que se les ponga en situaciones en las que tengan que tomar decisiones difíciles. Venus es su planeta regente.

Escorpio: los nacidos bajo este signo de agua utilizan la energía emocional como combustible para buscar la sabiduría tanto en el reino físico como en el espiritual. Los Escorpio (cuyo símbolo es el escorpión) tienden a ser poderosos psíquicos, lo que les hace parecer escurridizos y misteriosos. Gracias a su personalidad complicada y dinámica, Escorpio es uno de los signos del zodiaco más incomprendidos. Marte rige a Escorpio, de quien obtienen su pasión y agresividad. Si tienen una causa por la que luchar, son implacables e imparables, y ningún miedo puede entorpecer su camino para conseguir lo que quieren.

Sagitario: a los aventureros sagitarianos les encanta viajar a todas partes en todas sus formas (viajes físicos, emocionales y espirituales) en busca de conocimiento y sabiduría, símbolo de las flechas ardientes. Los nacidos bajo este signo de fuego son extrovertidos; su entusiasmo y ganas de vivir son contagiosos. Regidos por Júpiter, el gran humor y la intensa curiosidad de los sagitarianos les hacen triunfar en todas sus empresas. Su mayor debilidad es la falta de tacto y diplomacia cuando tratan con el mundo exterior y con personas diferentes a ellos.

Capricornio: el símbolo de este signo de tierra es una criatura mitológica con cola de pez y cuerpo de cabra. La paciencia, la dedicación y la perseverancia son las características de las personas nacidas bajo este signo. Este signo simboliza la dedicación, la responsabilidad y el tiempo. Los Capricornio valoran la tradición y son bastante serios. Son grandes líderes y pueden hacer planes sólidos, realistas y ejecutables.

Acuario: acuario es un signo de agua y las personas nacidas bajo este signo son revolucionarias y muy progresistas. El símbolo de Acuario es un portador de agua, el heraldo de la fuente de la vida, el agua. Los Acuario se dedican a hacer de este mundo un lugar mejor. Se esfuerzan por el bienestar de la sociedad y del mundo. Son pensadores profundos que, aunque bastante tímidos y reservados, no dudan en luchar por una causa justa. Saturno es el regente de Acuario.

Piscis: simbolizado por dos peces que nadan el uno hacia el otro en direcciones opuestas, refleja las perspectivas dicotómicas y conflictivas que los piscianos suelen tener entre la realidad y la fantasía. Al ser el último signo del zodíaco, es como si Piscis hubiera absorbido todas las lecciones impartidas por los 11 signos anteriores, lo que convierte a Piscis en la persona más intuitiva, sabia y empática del mundo. Regidos por Júpiter, los nacidos bajo este signo de agua son amables, desinteresados y siempre están dispuestos a echar una mano a los necesitados.

La conexión entre la astrología y el tarot

La astrología y el tarot están tan estrechamente relacionados que una forma combinada de lectura predictiva llamada tarotscopio es muy popular. El *tarotscopio* es el arte de leer el horóscopo de un individuo a través de las cartas del tarot. Es interesante ver cómo se asocian la

astrología y el tarot.
- Cada uno de los 12 signos del zodiaco se asocia con una carta de los arcanos mayores.
- Cada carta numérica de los arcanos menores también está asociada a un signo del zodiaco.
- Las cartas de la corte y los ases están conectados a través de los cuatro elementos, que, a su vez, están conectados a los 12 signos del zodiaco.
- El palo de bastos está asociado al elemento fuego y, por tanto, a los tres signos de fuego: Aries, Leo y Sagitario.
- El palo de copas está asociado al elemento agua y, por tanto, a los tres signos de agua: Cáncer, Escorpio y Piscis.
- El palo de espadas está asociado al elemento aire y, por lo tanto, a los tres signos de aire: Géminis, Libra y Acuario.
- El palo de pentáculos se asocia con el elemento tierra y, por lo tanto, con los tres signos de tierra Tauro, Virgo y Capricornio.

Las asociaciones de las cartas de los arcanos mayores, los 12 signos zodiacales y los planetas son las siguientes:

- El Sol es el regente de Leo y está asociado a la carta del sol.
- La Luna, regente de Cáncer, está asociada a la carta de la suma sacerdotisa.
- Mercurio, regente de Géminis y Virgo, está relacionado con la carta del mago
- Venus, regente de Libra y Tauro, se asocia con la carta de la emperatriz
- Marte, regente de Escorpio y Aries, se asocia con la carta de la torre
- Júpiter, regente de Piscis y Sagitario, se asocia a la carta de la rueda de la fortuna.
- Saturno, regente de Acuario y Capricornio, se asocia a la carta del mundo.
- Aries se asocia con la carta del emperador
- Tauro se asocia a la carta del hierofante
- Géminis se asocia a la carta de los enamorados
- Cáncer se asocia a la carta del carro

- Leo se asocia con la carta de la fuerza
- Virgo se asocia con la carta del ermitaño
- Libra se asocia con la carta de la justicia
- Escorpio se asocia a la carta de la muerte
- Sagitario se asocia a la carta de la templanza
- Capricornio se asocia con la carta del diablo
- Acuario se asocia con la carta de la estrella
- Piscis se asocia a la carta de la luna
- Las cartas 2, 3 y 4 (de los cuatro palos) se asocian a los signos cardinales: Aries, Cáncer, Libra y Capricornio
- Las cartas 5, 6 y 7 (de los cuatro palos) se asocian a los signos fijos: Tauro, Leo, Escorpio y Acuario
- Las cartas 8, 9 y 10 (de los cuatro palos) están asociadas a los signos mutables, a saber, Géminis, Virgo, Sagitario y Piscis

Combine todas las conexiones e interconexiones anteriores y su lectura de las cartas del tarot será más precisa, gracias a las asociaciones laterales con los elementos de otras herramientas de predicción y adivinación igualmente poderosas y populares.

Capítulo 5: Las cartas y la numerología

La lectura de las cartas del tarot no consiste solo en memorizar el significado de cada una de las 78 cartas. Incluye múltiples capas de comprensión con conexiones directas e indirectas con la vida y las preguntas del consultante. Al igual que la cábala y la astrología, la numerología es otra herramienta útil para interpretaciones precisas y personalizadas de las cartas del tarot. Esta sección de la lectura de las cartas del tarot se llama tarot numerológico. Comenzará explicando el concepto de numerología.

Entender la numerología

¿Qué es la numerología? Pitágoras, el antiguo matemático griego, creía que, al igual que otras cosas en este universo, los números también están dotados de vibraciones energéticas. Y ésta es la base para el desarrollo de la numerología como herramienta de adivinación, sanación y predicción.

La numerología es el estudio de los números y de cómo sus vibraciones energéticas influyen en nuestras vidas. Cada ser humano nace con un conjunto inherente de números imbuidos en su personalidad o psique. Estos números encierran secretos y verdades sobre las personas e indican su trayectoria vital, sus retos y sus éxitos. Los números de un solo dígito del 0 al 9 forman los cimientos de la numerología.

El número más significativo que forma parte de cada ser humano es su número de su camino de la vida, basado en la fecha de nacimiento. Este número permanece invariable a lo largo de la vida de una persona e influye enormemente en su personalidad y en su forma de vivir la vida. Revelan secretos sobre su personalidad que permanecen ocultos en lo más profundo de su psique. Conectar con el número de su camino de la vida le ayudará a conectar con su yo auténtico, lo que, a su vez, le ayudará a llevar una vida auténtica en lugar de una impulsada por estímulos externos.

Números del camino de la vida

Antes de explicar lo que representa y significa cada número del camino de la vida, aquí tiene una ilustración de cómo calcular su número del camino de la vida. Supongamos que su fecha de nacimiento es el 1 de octubre de 1970. Comience por reducir cada uno de los componentes de su fecha de nacimiento a un solo dígito.

El mes es octubre, que es 10, 1+0 = 1

La fecha es 01, que sigue siendo = 1

El año es 1970, 1+9+7+0 = 17, que se reduce de nuevo a (1+7) = 8

A continuación, agregue todas las cifras finales de la señal (1+1+8) = 10

Y de nuevo, redúzcalo a 10 (1+0) = 1

Por lo tanto, su número del camino de la vida es 1

1 - El número 1 está relacionado con Aries, el primer signo del zodiaco. Las personas cuyo número del camino de la vida es 1 tienden a ser excelentes líderes e innovadores. La fuerza de la motivación de Aries les impulsa a convertirse en pioneros. Teniendo en cuenta sus extraordinarias dotes de liderazgo, los unos tienden a ser personas muy solitarias, ya que la mayoría de las veces se encuentran en lo más alto de la escala, fuertes pero aislados y solos.

Por el contrario, su inherente deseo de excelencia puede convertirlos en mandones, testarudos y arrogantes. Olvidan que nadie vive en una isla. Necesitan el apoyo de otras personas. Ser el segundo plato en cualquier situación es un gran reto para los unos.

2 - Los dos son excelentes mediadores y facilitadores. El número 2 está relacionado con la armonía, la unidad y el equilibrio. Los dos pueden aportar paz en un entorno disonante, lleno de fricción y desarmonía. Los dos tienen una intuición poderosa y pueden detectar cambios energéticos sutiles en cualquier entorno, lo que les da la ventaja de cortar el problema de raíz antes de que se agrave de forma incontrolable.

Por otro lado, como los dos tienen tan en cuenta la armonía y el equilibrio, les resulta muy difícil lidiar con las fricciones y los conflictos y, por lo tanto, acaban siendo menospreciados. La gente suele confundir la compasión de los Dos con debilidad. Esto puede contrarrestarse si los dos dejan de buscar la validación externa.

3 - El tres es la expansión, el crecimiento y la fertilidad dentro de una estructura o marco protegido para permitir el crecimiento y el desarrollo sin perder la libertad desenfrenada y peligrosa. Las personas con el número 3 en su camino de la vida suelen tener una visión positiva y juvenil de la vida. Son vivaces y les encanta relacionarse con la gente, gracias a su excelente expresión creativa.

4 - En numerología, el número 4 representa la fuerza y la eficacia. Curiosamente, el 4 es un número muy temido (1 y 3 suman 4). Sin embargo, en realidad, el número 4 lleva la sabiduría y la racionalidad en la cabeza. Es un número que le dice que utilice la cabeza en lugar del corazón para avanzar. Se sabe que aporta estabilidad y arraigo en cualquier situación o persona afectada. También simboliza los avances, pero a través de los métodos tradicionales probados y comprobados, y no con nada nuevo.

5 - "La curiosidad mató al gato" es todo lo contrario de la característica clave del número 5 en numerología. Este número está impulsado por la curiosidad. Las personas con el 5 como número del camino de la vida tienden a ser muy curiosas y a experimentar una gran variedad de experiencias en la vida para sentirse realizadas. Ansían la aventura y la libertad; el único objetivo que saben fijarse es salir ahí fuera y experimentar y vivir experiencias. Son personas muy adaptables y pueden encajar en cualquier tipo de entorno. Por otro lado, los cincos pueden ser poco fiables y poco comprometidos

6 - El número 6 representa el corazón. Representa el apoyo incondicional y el amor. Las personas nacidas con el 6 como número de su trayectoria vital suelen ser grandes cuidadores y sanadores. Son muy empáticos y, en grupo, suelen ser vistos como portadores de luz y esperanza. Se les da muy bien dejar que los demás les abran su corazón. Pueden ser grandes amigos y amantes. Por el contrario, los seis tienden a

ser demasiado sacrificados e idealistas. Cuando, en la práctica, estas cosas dejan de funcionar después de un tiempo, tienden a resentirse y enfadarse.

7 - El número 7 representa la profundidad y es un número que no se ocupa de nada frívolo. Las personas nacidas con este número del camino de la vida tienden a saber que no basta con rascar la superficie. Hay que cavar hondo en todas partes porque el oro siempre está enterrado en las profundidades. Por lo tanto, los siete siempre están haciendo preguntas, buscando más respuestas, investigando sin descanso y utilizando todos sus sentidos para recopilar toda la información que puedan. Por el contrario, los siete pueden ser bastante reservados y reservados, ya que pasan la mayor parte de su tiempo analizando, investigando y cavando más hondo.

8 - El número 8 simboliza los logros medidos y seguidos por los objetivos alcanzados. Las personas con el 8 como número de su camino de la vida tienen un fuerte impulso hacia el éxito. Son muy ambiciosas y trabajarán duro para hacer realidad sus sueños, solo para soñar más. Su principal objetivo es alcanzar sus metas, y lo mejor de todo es que, incluso durante los periodos de depresión, encuentran la fuerza necesaria para seguir luchando por conseguirlas. Por otro lado, los ocho pueden tener una visión materialista y una actitud mandona.

9 - El nueve en numerología significa finalización, o el final de un ciclo y el comienzo de uno nuevo. Este número anuncia un periodo de cambio y transformación. Las personas nacidas con este número del camino de la vida tienden a ser muy tolerantes y a despertar espiritualmente. Manejan el dolor con gracia y dignidad. También son personas muy solidarias. Por el contrario, los nueve tienden a sacrificarse en exceso, lo que provoca resentimiento y sufrimiento innecesario.

Números maestros

Ciertos números no deben reducirse a cifras de un solo dígito. Se denominan números maestros e incluyen el 11, el 22 y el 33. Se cree que las personas nacidas bajo la égida de estos números maestros resultan muy influyentes y exitosas. Hay algo muy poderoso en estos tres números que tienden a aumentar el potencial de la persona para realizar sus metas intuitivas, intelectuales y materialistas.

11 - El número 11 en numerología está directamente relacionado con la intuición y los planos superiores de la sabiduría. Las personas nacidas con el 11 como número de su trayectoria vital tienden a asociarse con sus homólogos de un solo dígito, es decir, el 2 (1+1). Por lo tanto, los once también se asocian con la armonía y la empatía, aunque la sienten mucho más profundamente que los doses. Además, los once comparten algunos atributos de los unos, como la innovación y el deseo de marcar la diferencia. Por otro lado, los once pueden sentirse abrumados por su naturaleza empática, lo que les lleva al estrés y a la depresión, e incluso a dudar de sí mismos.

22 - El número maestro 22 une espiritualidad y materialismo. Los veintidós están dotados de la capacidad de recibir percepciones profundas y utilizarlas para un bien mayor. El compañero de un solo dígito del 22 es el 4, el número asociado con la practicidad y la dedicación.

La dedicación es uno de los mayores elementos de discernimiento que separan a los veintidós de los demás. El trabajo duro está profundamente arraigado en su constitución genética y mental. Esta dedicación está al servicio de su propósito personal de alcanzar sus metas y sueños y de sus actitudes de ayuda hacia la humanidad. Buscan continuamente formas de mejorar la vida de los demás.

Por otro lado, como son tan trabajadores y dedicados, no les gusta gastar su energía en cosas aparentemente frívolas, como las emociones, lo que les hace parecer del tipo "todo trabajo, nada de diversión", lo que puede desanimarles mucho.

33 - Tener el número 33 en el camino de la vida es muy raro, ya que requiere una combinación poco común de fechas de nacimiento para conseguirlo. Pero aquellos que lo tienen se convierten en grandes sanadores y líderes espirituales. Se convierten en maestros. Son desinteresados, a menudo nunca piensan en sí mismos y siempre anteponen a los demás. El altruismo está profundamente arraigado en su psique. Por lo tanto, una de las mayores lecciones que los treinta y tres pueden aprender es a mantenerse curados y felices para que puedan estar disponibles para la increíble cantidad de bien que pueden dar a este mundo.

Preguntas frecuentes sobre la numerología del tarot

¿Por qué es importante la numerología en la lectura del tarot? Hay múltiples razones, algunas de las cuales se muestran a continuación:

- Si una carta del tarot con un número que aparece repetidamente, entonces podría haber una fuerte indicación de la importancia numérica de ese número en lugar de solo el significado de la carta del tarot. A menudo, los números que aparecen repetidos en las tiradas de tarot representan el tiempo o la duración de un acontecimiento o una situación.
- Supongamos que hay números secuenciales en una tirada de cartas del tarot. En ese caso, podría indicar el período inicial y final de un acontecimiento, asunto o experiencia.
- La numerología aporta matices adicionales a las tiradas de cartas del tarot para obtener lecturas más perspicaces y precisas que por sí sola.

He aquí algunas preguntas frecuentes que le ayudarán a comprender mejor.

Q. ¿Qué significa sacar un as en una lectura de tarot?

A. En el tarot, el número 1 (o as) simboliza el comienzo de un viaje. Le dice que todo está sucediendo para facilitar el comienzo de una nueva empresa o viaje para usted. Si saca un as, podría significar la germinación de una nueva idea u oportunidad. Un as al revés (boca abajo para el tarotista y boca arriba de cara al receptor) podría significar que una gran idea está ahí, pero está siendo bloqueada.

Q. ¿Cuál es el significado de sacar un dos en el tarot?

A. Sacar un dos podría representar la conjunción de dos fuerzas opuestas para traer equilibrio y armonía. Al igual que los dos que siempre están pensando en armonizar los entornos de conflictos, dibujar un dos podría significar asociaciones de cooperación.

Q. ¿Qué significa un dos al revés?

A. Si saca un dos al revés, podría indicar desequilibrio y falta de armonía en la situación o relación en cuestión.

Q. ¿Qué significa el tres en el tarot?

A. El tres significa expresión y crecimiento. Sacar un tres podría indicar el final de una aventura o fase y la preparación para comenzar la siguiente. Como este número también representa el crecimiento, significa que ha logrado crecer y progresar en la fase anterior y que está avanzando hacia su objetivo final.

Q. ¿Cuál es el significado del tres al revés?

A. Al revés, la carta del tres podría indicar un momento de autoaislamiento para la superación personal. Además, el tres también representa grupos. Por lo tanto, un tres al revés podría significar que es hora de que se quede solo, alejado de los grupos.

Q. ¿Qué simboliza el 4 en el tarot?

A. El cuatro representa la estabilidad, el arraigo, las manifestaciones y los cimientos. Sacar una carta con el cuatro podría indicar que tus deseos y sueños se están materializando o manifestando. El cuatro es un buen signo para la ley de la atracción. Pero no significa que sea un período de sentarse y relajarse, pensando que todo el trabajo está hecho. El trabajo tiene que continuar.

Q. ¿Qué significa 4 al revés?

A. Sacar una carta con el cuatro al revés podría indicar una situación o una persona que carece de estabilidad y conexión con la tierra.

Q. ¿Qué significa sacar un cinco?

A. En el tarot, el cinco simboliza la inestabilidad y el cambio, que pueden ser desagradables pero necesarios para el crecimiento. Cuando saca una carta con el cinco, podría indicar un cambio inminente en la dinámica o en la situación.

Q. ¿Qué significa sacar un cinco al revés?

A. Si saca un cinco al revés, podría indicar una reticencia o resistencia a enfrentarse a un reto u obstáculo importante que tiene muchas posibilidades de llevarle al crecimiento y al desarrollo.

Q. ¿Qué significa sacar un seis?

A. En el tarot, sacar un seis significa que es un momento de descanso y curación. Indica un momento de armonía y cooperación.

Q. ¿Qué significa sacar un seis al revés?

A. Un seis al revés podría indicar un momento de desequilibrio y desarmonía.

Q. ¿Qué significa sacar un siete?

A. En el tarot, sacar un siete suele significar un momento para reflexionar y evaluar antes de seguir adelante.

Q. ¿Qué significa sacar un siete al revés?

A. Un siete invertido puede significar una falta de claridad o de concentración o una cantidad abrumadora de opciones confusas.

Q. ¿Qué significa sacar un ocho?

A. En el tarot, el ocho representa el logro y el dominio. Al igual que el símbolo del infinito, el 8 representa el movimiento y el flujo eternos. Si saca un Ocho, podría indicar la necesidad de esforzarse y trabajar continuamente para alcanzar los objetivos deseados.

Q. ¿Qué significa sacar un ocho al revés?

A. Sacar un ocho al revés podría indicar la falta de trabajo duro para lograr los resultados deseados y/o la ausencia de éxito material.

Q. ¿Qué significa sacar un nueve?

A. En el tarot, sacar un nueve puede indicar realización y culminación. Significa que se pueden esperar las recompensas del trabajo duro.

Q. ¿Qué significa sacar un nueve al revés?

A. Sacar un nueve al revés puede indicar falta de realización y cierre.

Capítulo 6: Conoce las cartas I: arcanos mayores

Ha llegado el momento de conocer más de cerca cada una de las cartas de la baraja del tarot. El capítulo comienza con las 22 cartas de los arcanos mayores. Entremos de lleno.

El loco

Los arcanos mayores comienzan con el loco, una metáfora de la ingenuidad y la inocencia. Esta carta representa a cada persona en su viaje vital, ya que comienza con una fe inocente y da su primer paso con entusiasmo a pesar de saber que el viaje está plagado de luchas y obstáculos. La carta del loco representa el comienzo, un comienzo fresco y espontáneo. El loco representado en la carta con los brazos abiertos y la cabeza erguida con esperanzas es el símbolo de un alma sencilla dispuesta a abrazar todo lo que se le presente.

El loco
https://pixabay.com/es/illustrations/el-tonto-tarot-tarjeta-magia-6016940/

El loco se encuentra al borde de un acantilado, pero es totalmente ajeno a los peligros que le acechan. Ignora por completo todos los peligros y riesgos que le depara el viaje. Está totalmente dispuesto a aceptar lo que venga. El loco está prácticamente al margen de las demás cartas de los arcanos mayores y es como el número 0, que se encuentra en medio de los números enteros positivos y negativos. Como el cero, el loco representa la nada o el vacío y se llena de deseos y sentimientos a medida que emprende su viaje.

La carta del loco representa todo el cosmos y todos los planetas y signos del zodíaco porque representa la nada que lo contiene todo. En el concepto de viaje, el loco representa la concepción de una idea o pensamiento. Las palabras clave de esta carta del tarot de aire son inocencia, espíritu libre, riesgo y aventura.

El loco es el primer camino entre Kéter y Jojmá. Kéter o la corona es el espíritu puro y está simbolizado por un mero punto, pero que tiene un potencial infinito. Sin embargo, lo encarna todo en este cosmos. Kéter necesita actuar para que comience el proceso de creación. Así pues, Kéter avanza y se impulsa sobre Jojmá (o sabiduría).

Del mismo modo, el loco representa el potencial infinito. Esta carta es el primer paso que ha dado el alma para entrar en el cosmos desde la nada (o cero) hasta algo. El camino del loco representa la compleja transformación de 0 a 1 o algo, que es el comienzo del universo tangible.

Sacar el loco en posición recta suele indicar el comienzo de un nuevo viaje. Durante este tiempo, es probable que se sienta eufórico y excitado sin ningún tipo de restricción. Si le sale el loco al revés, podría indicar un momento de peligro en el que se emprende una acción sin tener en cuenta las consecuencias. También podría significar que se está viviendo el momento sin hacer planes para el futuro, lo que puede ser bueno o malo.

El mago

La segunda de las 22 cartas de los arcanos mayores está representada por un mago que representa el lado positivo y masculino de la creatividad. El mago representa la conciencia consciente, una fuerza que capacita a las personas para crear mediante el mero uso de la fuerza de voluntad.

El mago
https://pixabay.com/es/illustrations/el-mago-cartas-de-tarot-tarot-mago-6103696/

La mano derecha del mago apunta hacia el cielo. Su mano izquierda está girada hacia abajo, mirando a la tierra. Este simbolismo se traduce como "como es arriba, es abajo", una frase impregnada de múltiples significados, entre ellos los siguientes:
- La tierra es un reflejo del cielo
- El mundo exterior es un reflejo de nuestro mundo interior
- El microcosmos es un reflejo del macrocosmos

El mago también indica que puede mediar entre el mundo tangible y el intangible. En su mesa están los cuatro palos de los arcanos menores, cada uno de los cuales representa los cuatro elementos: fuego, aire, agua y tierra. Por lo tanto, el mago es un maestro de los cuatro elementos. El símbolo del infinito que se cierne sobre su cabeza representa las infinitas posibilidades cuando la voluntad y el espíritu son fuertes.

Esta carta representa el número 1, que simboliza la unidad. Así pues, el mago es un experto en su oficio y un estudiante en continua búsqueda de lecciones del mundo. El poder del mago es el conocimiento, y es un buscador incansable de este poder. Indica que la magia se produce cuando puede doblegar su voluntad para convertir sus sueños intangibles en resultados y objetivos tangibles.

Las palabras clave asociadas a la carta del mago son deseo, fuerza de voluntad, concentración, perspectiva y manifestación del deseo a través de habilidades y conocimientos. Sacar la carta del mago en posición vertical podría indicar que está preparado para alcanzar su máximo potencial y que ha llegado el momento de profundizar en su fuerza de voluntad y hacer que las cosas sucedan. Si le sale la carta del mago, significa que no debe contenerse en ningún sitio para no dejar escapar las oportunidades que llamen a su puerta.

Invertida, la carta del mago podría indicar talento desperdiciado, manipulación, astucia, engaño y artimañas. Sacar la carta del mago al revés podría indicar un momento de cuidado y cautela porque podrías ser atraído por el engaño y la ilusión. Puede que no todo parezca lo que es y que alguien intente manipularle para que caiga en una trampa.

El mago está asociado a Mercurio, que rige Géminis y Virgo. En el proceso de la creatividad, la carta del mago representa la incubación, en la que la idea va encontrando lenta pero constantemente la forma de concretarse en el mundo tangible. Está relacionada con el elemento aire. En la cábala, la carta del mago es el camino entre Kéter y Biná e indica el comienzo de la producción material. El mago es el director de la energía canalizada.

La suma sacerdotisa

Las palabras clave de una carta vertical de la suma sacerdotisa incluyen intuición, misterio, voz interior, espiritualidad, mente inconsciente y poderes asociados a los planos superiores de la conciencia. Al revés, la carta de la suma sacerdotisa implica motivos ocultos, superficialidad, intuición reprimida y confusión.

La suma sacerdotisa
https://pixabay.com/es/illustrations/tarot-cartas-de-tarot-magia-fortuna-6246912/

La suma sacerdotisa aparece sentada sobre una piedra en forma de cubo situada entre dos pilares. Además de simbolizar la dualidad mujer-hombre, bien-mal en la naturaleza, estos dos pilares simbolizan a Jachin, el pilar del establecimiento, y a Boaz, el pilar de la fuerza asociado con el templo de Salomón.

El hecho de que esté sentada entre los dos pilares significa su capacidad de mediación, gracias a la cual mantiene el equilibrio entre dos fuerzas opuestas. Supongamos que le sale la carta de la suma sacerdotisa en su lectura del tarot. En ese caso, indica que debe escuchar a su intuición y no solo confiar en su intelecto para hacer las cosas. De hecho, sacar la carta de la suma sacerdotisa debería obligarle a poner su intuición por encima de su intelecto en una situación dada. Indica el uso de la mediación, las oraciones y el trabajo espiritual para la consulta en cuestión.

Cuando la suma sacerdotisa aparece en su lectura, significa que le está llamando a escuchar lo que dice, a confiar en ella y a seguirla en el mundo equilibrado de fuerzas opuestas que puede parecer aterrador al principio. Sin embargo, le conducirá a un gran éxito y felicidad. Ella le llama a buscar respuestas en su interior.

Si le sale invertida la carta de la suma sacerdotisa, podría indicar que le resulta difícil escuchar a su intuición. Le dice que ha estado ignorando sus instintos y que necesita volver a conectar con ellos de nuevas maneras porque el enfoque "racional" no funcionará para la situación actual. La suma sacerdotisa invertida indica que no debe tener miedo de hacerse preguntas pertinentes y difíciles para que puedan iluminarse nuevos caminos hacia sus poderes intuitivos para encontrar su camino en la oscuridad.

Curiosamente, el loco se encuentra tanto con el mago como con la suma sacerdotisa casi inmediatamente al comienzo de su viaje. Estas dos cartas se equilibran mutuamente, los elementos positivos, activos y masculinos del mago con los elementos negativos, misteriosos y femeninos de la suma sacerdotisa. Es importante saber que positivo y negativo no tienen un significado "bueno" o "malo" en el tarot. Son simplemente opuestos, pero de igual valor y estatura. Tanto lo positivo como lo negativo son elementos imperativos para el equilibrio y la estructura en este mundo.

La suma sacerdotisa está asociada a la Luna y, por lo tanto, a los signos de agua: Piscis, Cáncer y Virgo. En la cábala, ella es el camino que conecta Kéter con Tiféret, el camino que conecta el espíritu puro con la belleza y la armonía. El nombre de este camino es guímel, que significa "camello", el animal autosuficiente del desierto que puede sobrevivir días enteros sin agua. Del mismo modo, la suma sacerdotisa puede extraer energía de las profundidades de su ser para aprovechar una enorme reserva de confianza en sí misma y poderes intuitivos para atravesar el camino.

La emperatriz

La tercera carta de los arcanos mayores representa a una reina sentada en un trono rodeada por la abundancia de la naturaleza en forma de ríos y arroyos y un encantador bosque verde. La reina de esta carta también simboliza a la Madre Naturaleza y/o a la diosa de la fertilidad. Su túnica, diseñada con motivos de granadas, representa la fertilidad (una granada está llena de semillas, por lo que representa la fertilidad). Acertadamente, el elemento que rige la carta de la emperatriz es la tierra.

La emperatriz
https://pixabay.com/es/illustrations/emperatriz-carta-de-tarot-s%c3%admbolo-6016923/

Venus rige la emperatriz y, por lo tanto, es la personificación del amor y la armonía. La figura de la carta de la emperatriz tiene el pelo rubio y una corona de estrellas, símbolo de su conexión con los reinos mágicos y místicos. La emperatriz es precursora de bendiciones y abundancia.

Las palabras clave de una carta de la emperatriz erguida son naturaleza, fertilidad, crianza, maternidad, apoyo, sensualidad y/o relaciones románticas comprometidas. Una carta vertical de la emperatriz indica la conexión con nuestra feminidad y sensualidad para atraer la felicidad y la alegría a nuestras vidas. La emperatriz está conectada con Venus y, por lo tanto, está asociada con el signo zodiacal de Libra.

Si sale la carta de la emperatriz en posición vertical, significa que es un momento de autocuidado y autocompasión. También es una carta de embarazo y maternidad. Por supuesto, debe consultar las cartas de toda la tirada para confirmarlo. Alternativamente, podría indicar recibir o dar amor maternal y nutritivo. La carta de la emperatriz también indica nuevos comienzos, incluyendo una nueva empresa, idea o proyecto.

La carta de la emperatriz invertida podría indicar una pérdida de fuerza de voluntad, de confianza en uno mismo y de fuerza interior porque has gastado mucha energía en preocuparte por el bienestar de los demás. Una carta invertida podría significar que necesita frenar el flujo de exceso de cariño y preocupación por los demás, no sea que se vaya por la borda y acabe descuidando sus propias necesidades. Una preocupación excesiva por los demás también podría dar lugar a que asfixie con sus cuidados a las personas que ama a pesar de tener buenas intenciones.

En la cábala, la emperatriz conecta Biná y Jojmá, el camino de la unidad de lo masculino y lo femenino. Por eso la emperatriz se representa embarazada en algunos mazos de tarot. Ella une lo masculino y lo femenino para que nazca una nueva vida. Además, la emperatriz es el útero universal de la creatividad.

Desde el punto de vista del viaje del loco, cuando se encuentra con la emperatriz, reconoce la figura maternal amorosa, la que le nutre y ama incondicionalmente. También conoce y agradece a la Madre Naturaleza, que le colma de abundancia. Como un bebé al que le encanta explorar nuevas sensaciones y experiencias, el loco no puede dejar de explorar todo lo que encanta a sus sentidos.

El emperador

La carta del tarot del emperador está representada por un gobernante estoico sentado en su trono, decorado con cuatro cabezas de carnero, el símbolo de su signo zodiacal, Aries. Lleva un cetro en la mano izquierda, que simboliza su derecho a gobernar. El orbe que lleva en la mano derecha representa su reino. También se le representa con una larga barba que representa sus años de experiencia y la sabiduría, el conocimiento y la autoridad que ha adquirido para ser el emperador.

El emperador.
https://pixabay.com/es/illustrations/tarot-cartas-de-tarot-el-emperador-6129696/

Las montañas que aparecen detrás de él representan su ambición y determinación para alcanzar una mayor capacidad de liderazgo. Estas representaciones son exactamente opuestas a la carta de la emperatriz, que muestra ríos que fluyen, cuidados que nutren y bondad y amor que dan vida. Por otro lado, el emperador gobierna con valentía, determinación y pura fuerza masculina.

Las palabras clave del emperador en posición vertical son estructura, estabilidad, protección, control, autoridad y disciplina. Al revés, el emperador simboliza la tiranía, el control dominante, la terquedad y la falta de concentración y disciplina. Sacar una carta del emperador en posición vertical podría indicar que, como él, deberías ser un pensador estratégico para el problema que tienes entre manos. Debería crear normas y reglas y pensar de forma estructurada para obtener beneficios óptimos.

Al igual que el elemento fuego que rige al emperador, es un recordatorio de que debe guiar, pero con mano firme y autoritaria para que las cosas no se salgan de control. También es un recordatorio de que, aunque esté en una posición de poder, como todos los reyes y emperadores, también está aquí para servir a las personas a las que gobierna. Es una llamada a actuar racionalmente y a poner su intelecto por encima de sus misteriosos poderes instintivos. El emperador en todas las tiradas del tarot le llama a liberarse de los grilletes y las creencias limitantes que le atan.

La carta del emperador en posición vertical indica éxito en el futuro, ya que conseguirá sus objetivos de forma decidida, metódica y estratégica. Supongamos que una de sus cartas representa al emperador. En ese caso, podría indicar que pronto se le otorgará una posición de poder, donde la estructura metódica y el orden son necesarios para obtener resultados exitosos. Deberá aportar sus años de sabiduría y experiencia para llevarlo adelante.

Si saca la carta del emperador invertida, podría indicar abuso de poder. Podría manifestarse en su vida como un padre autoritario, una pareja posesiva (en el terreno personal) o un jefe excesivamente controlador (en el trabajo). También podría significar que usted no es tan fuerte como gobernante y que debe tomar medidas correctivas al respecto.

En la cábala, el emperador es el camino entre Jojmá y Tiféret. En este contexto, Jojmá es la sabiduría (o la figura paterna), y Tiféret es el hijo. El padre toma la energía manifestadora de la emperatriz y la transmite al individuo, su hijo. El emperador (energía masculina) y la emperatriz (energía femenina) juntos producen belleza y armonía en el mundo.

El hierofante

La carta del hierofante representa a una figura religiosa (podría ser el papa o un líder de cualquier religión) sentado en un entorno religioso formal, como un templo o una iglesia. El sacerdote religioso iniciador aparece ataviado con elaboradas vestiduras religiosas. Su mano derecha está levantada en señal de bendición. En la mano izquierda lleva una cruz con tres líneas horizontales que representan la trinidad. Dos discípulos o acólitos están sentados a sus pies, aprendiendo de él.

El hierofante
https://pixabay.com/es/illustrations/el-hierofante-tarot-tarjeta-magia-6016942/

El hierofante, o el sumo sacerdote (regido por Tauro y asociado a Júpiter y Venus), es la contrapartida masculina de la suma sacerdotisa. Las palabras clave de la carta del hierofante erguido son convencionalismo, tradición, conformidad, creencias, conocimiento, sabiduría y grupos sociales. Las palabras clave de un sumo sacerdote invertido son no convencional, ignorancia, métodos nuevos y no probados, rebelión e inconformismo.

Sacar la carta del hierofante al revés podría indicar un deseo de conformarse y seguir reglas y normas establecidas. Es una indicación para ceñirse a los métodos convencionales y dentro de los límites ortodoxos. Es bueno adaptarse a las creencias existentes en lugar de intentar la innovación y la novedad.

Si ve un hierofante en su tirada del tarot, podría significar que participará en ceremonias y rituales religiosos. Esta carta indica claramente instituciones y sistemas de creencias bien establecidos y le dice que debe atenerse a la conformidad y no romper la tradición para obtener resultados óptimos.

Sacar el Hierofante invertido podría indicar una sensación de estar restringido o constreñido por sistemas y estructuras. Es posible que se sienta atrapado y que haya perdido el control de su vida. Desea flexibilidad y liberarse de los grilletes de la tradición y las convenciones. Siente la tentación de romper la ortodoxia y volverse rebelde. Siente el impulso de desafiar las normas sociales.

Si saca la carta del sumo sacerdote invertida, significa sobre todo que quiere cuestionar las tradiciones y doctrinas bien establecidas. En una relación amorosa, sacar el hierofante invertido puede indicar un estancamiento en la relación. En el terreno profesional, podría significar un ambiente de trabajo asfixiante.

En la cábala, la carta del hierofante es el camino que conecta Jojmá y Jesed. La función principal del sumo sacerdote es conectar el "como es arriba, es abajo". Representa al gran maestro de los misterios y secretos y desbloquea el entendimiento entre la ilusión y nuestras experiencias sensoriales.

Los enamorados

La carta de los enamorados está representada por una pareja humana de hombre y mujer que están siendo bendecidos y protegidos por un ángel de lo alto. La pareja feliz y enamorada se encuentra en medio de un hermoso jardín. El árbol frutal con una serpiente que lo oculta, de pie detrás de la pareja, indica claramente que se trata del jardín del Edén, donde la serpiente intenta por todos los medios tentar a la feliz pareja para que caiga en la trampa de los placeres de la carne.

Los enamorados
https://pixabay.com/es/illustrations/cartas-de-tarot-tarot-amantes-magia-6103697/

Géminis es el signo del zodíaco, Mercurio es el planeta de la carta de los enamorados y el aire es el elemento. El aire es el elemento de la comunicación y la actividad mental, ambos cruciales para las relaciones y las parejas. Las bendiciones del ángel que caen entre la pareja parecen dar un sentido de equilibrio a los amantes.

Las palabras clave de la carta vertical de los enamorados son unión/amor/relaciones y asociaciones/romance/y elecciones. La interpretación más importante de la carta de los enamorados es que la seguridad, la confianza, la unión y el amor que se da la pareja los potencia a ambos, fortaleciendo su relación. El vínculo entre una pareja de enamorados es fuerte e íntimo.

Otra interpretación importante de la carta de los enamorados es la de la elección. Nos dice que todos debemos elegir entre cosas opuestas y mutuamente excluyentes. Por lo tanto, si usted saca una carta de los enamorados y el amor no es la respuesta que busca para su pregunta, entonces la indicación podría ser que usted está en un dilema y tiene que considerar todas las cosas cuidadosamente antes de hacer su elección.

La carta de los enamorados es un paso adelante con respecto a la carta del hierofante, que tiene que ver con la estructura y el orden y con seguir reglas y normas establecidas. El loco tiene dos nuevas experiencias con la carta de los enamorados. Por un lado, experimenta el poder de la unión sexual con otra persona y aprende el deseo de crear relaciones. Hasta ahora, el loco era más o menos egocéntrico. Pero cuando se encuentra con la carta de los enamorados, siente el impulso de tender la mano y convertirse en la mitad de una pareja amorosa.

En segundo lugar, también tiene que incluir la toma de decisiones en sus lecciones de vida. Le enseña que debe sopesar todas las opciones que se le presentan, averiguar qué valores defiende y, a continuación, tomar las decisiones adecuadas. Anhela aprender y crecer tomando sus propias decisiones.

En la cábala, la carta de los enamorados es el camino que conecta Tiféret con Biná, lo que significa la conexión entre el corazón (o el centro solar del ser) con la gran confluencia de la superconciencia. La carta de los enamorados representa la unión de la energía solar (masculina) y lunar (femenina).

Sacar la carta de los enamorados podría indicar que ha descubierto lo que es importante para usted y que ha tomado las decisiones correctas. La carta de los enamorados le ayudará a desarrollar su sentido del propósito. Las palabras clave de una carta de los enamorados invertida incluyen desequilibrio, desarmonía, elecciones equivocadas, indecisión, conflictos y desapegos.

La carta de los enamorados invertida puede significar un conflicto interno o externo. La falta de armonía y los desequilibrios podrían estar dificultando su vida. Indica que ha llegado el momento de dar un paso atrás y tomar medidas correctivas antes de seguir adelante.

La carta de los enamorados invertida también podría indicar una ruptura de la comunicación en sus relaciones profesionales y personales. Podría indicar que no está asumiendo la responsabilidad de sus acciones y elecciones. Podría estar culpando a otros por sus decisiones en lugar de aceptar la responsabilidad por las consecuencias de esas decisiones que están fructificando en este momento.

El carro

La carta del carro está representada por un auriga sentado dentro de su vehículo conducido por dos esfinges, una negra y otra blanca. El guerrero lleva una corona en la cabeza, una representación de la iluminación. Una luna creciente sobre sus hombros le guía en su camino. El ambiente es el de un cielo azul adornado con estrellas centelleantes. El elemento agua rige la carta.

El carro
https://pixabay.com/es/illustrations/carruaje-tarot-tarjeta-magia-6016921/

Un cuadrado sobre el pecho del cochero le mantiene estable y con los pies en la tierra. Los colores blanco y negro de las dos esfinges simbolizan dos fuerzas opuestas que el jinete tiene que controlar para lograr el equilibrio y la estabilidad que le permitan alcanzar el propósito de su vida.

Las palabras clave del carro son determinación, éxito, empuje y ambición, autocontrol, disciplina y fuerza de voluntad. La carta del carro le habla de superar retos y obstáculos para alcanzar sus objetivos. Le dice que puede salir victorioso si aprende a controlar lo que ocurre a su alrededor y que la fuerza y la determinación son elementos clave en este viaje.

Si le sale una carta del carro, indica que debe mantener la concentración y la disciplina para alcanzar sus sueños. La carta indica que el camino hacia su destino estará lleno de giros y vueltas, y que un enfoque ordenado y estructurado es fundamental para el éxito. El carro podría indicar que es probable que muestre resistencia y confianza en su vida. Un aspecto hasta ahora oculto y agresivo de su personalidad podría salir a la luz para alimentar su confianza. Aunque a veces la agresividad es útil, también debe controlarse para no perder el control sobre ella.

Las palabras clave del carro invertido son falta de dirección y control, impotencia y agresividad enérgica. Si le sale un carro invertido, podría significar que le falta confianza y agresividad en la situación actual. La carta invertida le dice que está tan atrapado en sus objetivos que no está pensando las cosas de forma estructurada. Está dejando que sus impulsos tomen el control de sus acciones.

La carta del carro invertida podría significar que usted no tiene control sobre su vida y que las fuerzas opuestas le están controlando. Significa que se toma las cosas a la ligera y que la vida le lleva por donde quiere. Es un recordatorio de que necesita tomar las riendas de su carro y conducirlo al destino que desea de la manera que desea.

En el viaje del loco, se ha convertido en un adulto con un fuerte sentido de la identidad en el momento en que llega a la carta del carro. También tiene cierto dominio sobre sí mismo y ha desarrollado las herramientas y habilidades necesarias para el éxito y la felicidad materialista. El carro representa el ego del loco, su mayor logro hasta el momento. El cochero es un hombre orgulloso sentado con confianza en su vehículo, cabalgando victorioso hacia sus metas. Es el amo de todo lo que observa y parece controlar visiblemente todo lo que le rodea. Está lleno de satisfacción y confianza en sí mismo, al menos por el momento.

La Luna y el signo zodiacal de Cáncer rigen el carro. En la cábala, el carro es el camino que conecta Biná y Gevurá, el camino a través del cual el espíritu desciende para manifestarse en el mundo tangible de los seres humanos. En sentido inverso, el carro, después de conquistar los planos inferiores, está listo para cruzar la parte inferior del árbol de la vida y pasar a los planos superiores de la conciencia espiritual.

La fuerza

La carta de la fuerza está representada por una mujer que mantiene abiertas las fauces de un león feroz sin miedo y con confianza. La mujer domina al amenazador león, pero está tranquila y segura de sí misma, mostrando signos de control total de una situación dada. Es valiente, pero muestra amor y compasión. El león en sí es un símbolo de fuerza y valor, ambos fundamentales para el éxito de los seres humanos. Sin embargo, si estos dos elementos no se refrenan o controlan, pueden conducir a la destrucción y al caos.

La fuerza
https://pixabay.com/es/illustrations/tarot-cartas-de-tarot-fuerza-6129685/

Las palabras clave de esta carta son confianza, valentía, poder interior y compasión. Sacar la carta de la fuerza en posición vertical significa que tiene el valor y la fortaleza necesarios para superar los tiempos difíciles que se avecinan. Indica que tiene la calma y la paz necesarias para superar obstáculos y desafíos, haciéndose más fuerte y valiente. También muestra que es muy compasivo y amable, dispuesto a llevar a la gente con usted.

La paciencia es su fuerte, ya que vadea a través de los desafíos para alcanzar sus metas y sueños. Su intrepidez y resistencia son sus grandes puntos fuertes en su trayectoria vital. Sacar la carta de la fuerza en posición vertical significa que, aunque esté atravesando un momento difícil, su valentía y confianza le ayudarán a salir adelante. El éxito y la estabilidad serán sus compañeros más pronto que tarde.

Las palabras clave del reverso de la carta de la fuerza son falta de confianza, cobardía, dudas, agresividad e inadecuación. Si le sale el reverso de la carta de la fuerza, podría indicar una época de miedo y lucha. Puede que le resulte difícil aprovechar su fuerza y poder interiores, y que el miedo y la incertidumbre gobiernen su vida. La carta de la fuerza invertida también podría significar que, por algún motivo, se enfrenta a la depresión y a la tristeza, por lo que la felicidad y la energía positiva están desapareciendo de su vida.

El signo del zodiaco asociado a la carta de la fuerza es Leo, y el elemento es el fuego. En el viaje del loco, la carta de la fuerza desempeña un papel crucial. Recurre a su poder una y otra vez para enfrentarse a los retos y obstáculos que encuentra en su camino. El loco empieza a pensar que tal vez no sea el maestro que creía ser.

Puede que su ego haya crecido, pero hay mucho más que aprender y dominar en este mundo. Su agresividad y confianza a veces reciben una paliza, que es cuando aprende el valor de la paciencia, la compasión y la bondad de la carta de la fuerza. Aprende que las actitudes autoritarias, obstinadas y decididas deben equilibrarse con la tolerancia y la amabilidad para alcanzar la verdadera felicidad. El loco aprende a domar su ego.

En la cábala, la carta de la fuerza se asocia con el camino entre Jésed y Gevurá. Este camino llama a las personas a domar sus instintos animales y a abrazar la misericordia y la compasión para conectar con su yo superior. Es el camino que enseña a perder el ego y a deshacerse de la arrogancia y el orgullo para avanzar en la vida.

El ermitaño

La carta del ermitaño representa a un anciano de pie, solo, en la cima de una montaña, con un farol en la mano derecha y un bastón en la izquierda. La montaña representa sus logros y realizaciones. La cima representa sus conocimientos y la sabiduría que ha adquirido a través de su experiencia. El farol tiene en su interior una estrella de 6 puntas, la estrella de Salomón, que representa la sabiduría. Por lo tanto, el Ermitaño es un símbolo de logro espiritual más que de éxito materialista. El bastón que sostiene representa la autoridad y el poder del ermitaño.

El ermitaño
https://pixabay.com/es/illustrations/ermita%c3%b1o-tarot-tarjeta-magia-6016941/

Las palabras clave de la carta del ermitaño en posición vertical buscan el yo auténtico, la soledad, la autorreflexión, la contemplación y la introspección. Ver una carta del Ermitaño en su tirada de tarot podría indicar períodos de soledad (no de aislamiento o rechazo). Este tiempo es para volcarse en sí mismo y buscar respuestas a sus preguntas desde dentro.

Debe desconectarse de las multitudes y del ruido de sus sueños y deseos que amenazan con estrangularle. Apártese del ruido y mire en su interior en busca de respuestas. La carta del ermitaño es un signo de caminar solo a través de la oscuridad de su mente inconsciente para encontrar su verdadero yo.

Si saca la carta del ermitaño, desea la soledad para la contemplación y la autorreflexión. Estos momentos de soledad ayudan a despejar el desorden de la vida cotidiana para que pueda volver a conectar con su verdadero propósito y reajustar el camino de su vida. También podría significar que un mentor o un entrenador podría entrar en su vida para ayudarle.

La carta del ermitaño invertida se relaciona con la soledad, los sentimientos antisociales, la reclusión, el aislamiento y el rechazo. El ermitaño invertido puede significar que quiere que le dejen en paz, lo que puede ser bueno. Sin embargo, si no se hace correctamente, estar y sentirse solo puede conducir a resultados erróneos para usted y sus seres queridos.

Replegarse sobre sí mismo sin el apoyo adecuado puede conducir a situaciones peligrosas. Se sabe de personas que han perdido la cordura al ahondar demasiado en su psique por su propio bien. El subconsciente tiene peligros que acechan para atraerle a su abismo. Por lo tanto, debe equilibrar su búsqueda interior con el apoyo de otros seres humanos.

Desde el punto de vista de su vida profesional, sacar la carta del ermitaño podría significar que ha llegado el momento de llegar al fondo de algo que le preocupa desde hace tiempo. Debe hacer algo, y tiene que hacerlo antes de que se convierta en un elemento incontrolable en su vida.

En el viaje del loco, la carta del ermitaño nos recuerda el "por qué" de la vida humana. Esto le recuerda que debe encontrar el verdadero propósito de su vida. ¿Por qué está aquí? Quiere conocer la respuesta no solo para saciar su curiosidad, sino con el profundo deseo de encontrar su auténtico yo. Con la carta del ermitaño, el loco se vuelve hacia sí mismo y profundiza en sus emociones y pensamientos en busca de respuestas. El brillo del mundo exterior ya no le atrae y busca algo más profundo y significativo. El loco debe emprender este viaje en solitario.

La carta del ermitaño está asociada con mercurio, el signo zodiacal Virgo y el elemento tierra. En la cábala, la carta del ermitaño es el camino de Tiféret a Jésed, el camino de la comunicación con el yo espiritual superior. Es el camino que el yo inferior debe emprender para encontrar su auténtico yo interior.

La rueda de la fortuna

La rueda de la fortuna tiene una rueda gigante en el centro, a la que rodean un águila, un ángel y un toro, y un león relacionado con cuatro signos fijos, a saber, Acuario, Escorpio, Leo y Tauro. Los cuatro animales tienen alas, lo que podría indicar que representan a los cuatro evangelistas del cristianismo.

La rueda de la fortuna
https://pixabay.com/es/illustrations/tarot-cartas-de-tarot-6129686/

Los cuatro animales sostienen libros en sus manos, lo que simboliza la Torá, el libro supremo de la sabiduría y el conocimiento. Una esfinge solitaria cabalga sobre la rueda gigante del centro. Simboliza los ciclos de la vida. A veces se está abajo y otras arriba.

La rueda de la fortuna está asociada a Saturno, el planeta de la estructura y el orden, y al elemento fuego. Las palabras clave de la rueda de la fortuna vertical son transformaciones, ciclos, periodos decisivos, sucesos inesperados, suerte y fortuna. Si saca la rueda de la fortuna, es un recordatorio de que los ciclos de la vida no están bajo su control. Todo el mundo, desde los mendigos hasta los reyes, está atrapado en estos ciclos, y nadie puede evitarlos. Solo debe aprender a vivir el momento y aceptar todo lo que ocurre en su vida sin oponer resistencia.

Si está en una buena situación, puede venir una mala cuando la rueda gire, y lo mismo ocurre cuando está en una situación difícil. Nos recuerda que en ella actúan fuerzas mucho mayores que las humanas, y que debemos ceder ante ellas. Independientemente de dónde caiga, la rueda girará y su posición cambiará.

Las palabras clave de la rueda de la fortuna invertida son falta de control, mala suerte, control o aferrarse al control, retrasos desagradables y cambios. Sacar la rueda de la fortuna invertida indica que hace tiempo que la buena suerte no está en su vida y que las desgracias le persiguen. Le recuerda que usted no tiene el control y que simplemente debe esperar a que la rueda gire de nuevo para vivir tiempos mejores.

Es importante que recuerde que no debe aferrarse al control, porque aquí actúan fuerzas mayores que escapan a su ámbito de control. Aprenda a soltar y a seguir adelante. El sentimiento de aceptación impulsa la rueda hacia otro ciclo con nuevas posiciones para usted y para los demás.

Desde el punto de vista del viaje del loco, él ve cómo las cosas en este mundo están todas interconectadas. Tiene una visión del diseño del mundo y de cómo se mueve en la rueda de la fortuna. Ve los intrincados patrones y ciclos que nos impactan y afectan de diferentes maneras. Ve el universo en todas sus capas misteriosas trabajando juntas armoniosamente. El loco reconoce la importancia del destino y la suerte en su vida y aprende a aceptarlos de todo corazón y sin oponer resistencia.

En la cábala, la carta de la rueda de la fortuna representa el camino entre Jésed (misericordia) y Netsaj (victoria). El camino conecta la personalidad tangible con el yo espiritual superior a través del pilar de la misericordia. La rueda simboliza ciclos incesantes de nacimiento, muerte y renacimiento.

La carta de la justicia

Astrológicamente hablando, la carta de la justicia está asociada con Libra, el signo zodiacal del equilibrio y el elemento aire. La carta de la justicia habla de ley, verdad y equidad. La dama de la justicia está sentada en su tribunal, sosteniendo una balanza en su mano izquierda. La balanza significa la importancia de equilibrar la lógica con la intuición para emitir juicios precisos.

Justicia
https://pixabay.com/es/illustrations/tarot-cartas-de-tarot-justicia-6129675/

La dama de la justicia representa la imparcialidad, representada por la espada de doble filo que lleva en la mano derecha. El cuadrado de su corona significa claridad de pensamiento, un elemento clave durante la impartición de justicia.

Las palabras clave de la Justicia recta son karma, responsabilidad, consecuencias de los actos, integridad, ley, verdad y justicia. Si saca la carta de la justicia, le recordará que todas sus acciones tienen consecuencias para usted y para los demás. Siempre llegará un momento en su vida en el que sus acciones serán juzgadas, y usted pagará por ellas o será pagado por ellas.

El significado de sacar la carta de la justicia depende de la situación y de sus sentimientos. Por ejemplo, si se siente agraviado, sacar la carta de la justicia puede suponer un alivio, ya que puede indicar que ha llegado el momento de reparar el agravio. Por otro lado, si ha hecho daño a otros, sacar la carta de la justicia podría ser una advertencia de que sus acciones serán juzgadas pronto.

Las palabras clave de la justicia inversa son retribución, venganza, falta de responsabilidad, deshonestidad, injusticia, corrupción e injusticia. Si saca la carta de la justicia al revés, puede significar muchas cosas, como que vive en la negación o que huye de la culpa. Estos sentimientos están arraigados en acciones pasadas, y lo que hagas hoy traerá consecuencias futuras. Podría tomar la carta de la justicia invertida como una indicación para hacer las cosas bien con los demás, de modo que tenga resultados justos.

En el viaje del loco, la carta de la justicia le dice que dé un paso atrás y observe las visiones y lecciones que le enseñaron las cartas de la rueda de la fortuna y del ermitaño. ¿Qué significan estas visiones para él personalmente? También mira hacia atrás en su vida, analiza la causa y los efectos de sus acciones y, lo que es más importante, se responsabiliza de sí mismo. Ha evolucionado como hombre. Ahora conoce el arte del discernimiento, a partir del cual aprende a tomar las decisiones correctas. El loco aprende a luchar por la igualdad en forma de equilibrio colectivo del mundo.

En la cábala, la carta de la justicia es el camino entre Gevurá y Jésed, en el que la misericordia atempera la severidad a través de la mano de la justicia.

El colgado

El colgado es consciente de que su posición es la del sacrificio. Este sacrificio tiene que hacerse para avanzar. Puede ser en forma de arrepentimiento por los errores del pasado. El sacrificio puede consistir en renunciar a ciertas cosas para ser más ligero que antes, y avanzar se convierte en algo fácil. O puede consistir en dar un paso atrás, sacrificando algunos progresos realizados anteriormente para que el avance se produzca de un modo mejor a través del recálculo y la recalibración.

El colgado
https://pixabay.com/es/illustrations/hombre-ahorcado-tarot-tarjeta-magia-6016939/

El tiempo perdido en este acto de dar un paso atrás no se pierde, sino que se utiliza para comprender mejor su camino, de modo que el movimiento hacia delante sea significativo y los resultados sean más precisos que antes. Al colgado se le representa colgado boca abajo para simbolizar el camino espiritual que está emprendiendo. Colgar cabeza abajo le permite obtener una nueva perspectiva, algo que las personas que caminan rectas no pueden ver. Esta nueva perspectiva puede conducir a la elevación espiritual. El colgado significa este aspecto de la espiritualidad.

El colgado también indica un periodo de suspensión de la acción, especialmente en momentos de indecisión. Por lo tanto, es una indicación para posponer ciertas acciones hasta que se comprendan bien todos los aspectos, y las acciones puedan implementarse correctamente. De hecho, paralizar la acción durante un tiempo es una de las mejores maneras de asegurarse de que se dispone del tiempo suficiente para tomar correctamente las decisiones críticas.

Las palabras clave de la carta vertical del colgado son incertidumbre, falta de perspectiva y dirección, período de espera y contemplación, martirio y sacrificio. Si saca la carta del colgado, indica un tiempo de espera y suspensión. La carta podría ser una sugerencia para estancarse porque es lo mejor que se puede hacer en ese momento para obtener los mejores resultados. Es un recordatorio de que la acción no siempre es la mejor solución; a veces, la espera funciona mejor.

Las palabras clave del colgado invertido son evitar o temer el sacrificio, apatía, desinterés, indiferencia, estancamiento y permanecer quieto. Si saca una carta del colgado al revés, podría indicar un momento de indecisión. También podría significar que siente que ha sacrificado mucho tiempo sin ningún beneficio. Puede que sienta que ha dado todo lo que tenía para conseguir algo, pero sin resultado.

El planeta del colgado es Neptuno, el elemento es el agua y el signo zodiacal es Piscis. Desde la perspectiva del viaje del loco, el colgado le enseña que la vida no es fácil de domar, a pesar de sus enormes esfuerzos por avanzar en la vida. El colgado le enseña que encontrarse con pérdidas y fracasos son lecciones imperativas de la vida que debe aprender para triunfar.

La carta del colgado hace que el loco se sienta derrotado por haberlo sacrificado todo por nada, o eso le parece. Es entonces cuando se da cuenta de que renunciar al control de su vida es la mejor manera de avanzar y, abrazando la humildad, avanza lenta pero firmemente hacia la sabiduría. En la cábala, el colgado representa el camino entre Gevurá y Hod. Es el camino del autosacrificio que conduce a la resurrección y la renovación.

La carta de la muerte

La carta de la muerte está representada por un esqueleto que lleva una armadura, monta un caballo blanco y sostiene una bandera negra. La armadura significa que la muerte es invencible y que nadie puede vencerla. El caballo que monta es blanco para significar pureza. La muerte lo purifica todo. El lugar bajo el jinete de la muerte está sembrado de cadáveres de todas las clases sociales (desde un mendigo hasta un rey), lo que simboliza que todos se vuelven iguales a los ojos de la muerte.

La carta de la muerte es una de las más incomprendidas del tarot. Es temida sin razón, y esto se debe a que la mayoría de la gente toma la carta de la muerte para significar la muerte literalmente. En realidad, esta carta podría indicar uno de los momentos más positivos de su vida. La carta de la muerte indica el final de una vieja etapa y el comienzo de una nueva. Significa que ha llegado el momento de cerrar la puerta a un acontecimiento de tu vida para poder abrir la puerta a otro. Es hora de dejar atrás el pasado y avanzar hacia perspectivas futuras.

La muerte
https://pixabay.com/es/illustrations/cartas-de-tarot-tarot-muerte-magia-6103718/

La carta de la muerte también puede indicar un cambio o transición en su vida. Una vieja versión de "usted" tiene que morir para dar nacimiento a una nueva versión de usted. No es fácil hacerlo, por lo que es probable que surjan sentimientos de miedo. La incertidumbre asociada a los cambios también puede provocar miedo. Sin embargo, una vez que acepte y asuma los cambios, verá que todo ha ocurrido para mejor.

Las palabras clave asociadas a la carta vertical de la muerte son: finales/transformaciones y transiciones/soltar/liberar. Si le sale la carta de la muerte, podría indicar un momento de transformación. Podría indicar que debe estar preparado para dejar ir cosas viejas, especialmente apegos insanos. La carta le dice que aferrarse a la decadencia y al estancamiento solo causará daño.

La carta de la muerte invertida se asocia con el miedo y la resistencia al cambio, los patrones negativos que se repiten en su vida, la decadencia y el estancamiento. Si saca la carta de la muerte al revés, podría indicar que se resiste a los cambios. Podría significar que tiene miedo de desprenderse de cosas y personas. Es un recordatorio de que aferrarse a las cosas limitará su crecimiento y desarrollo. La carta de la muerte invertida le indica que debe replantearse su enfoque de la vida o de un problema especialmente persistente.

La carta de la muerte está asociada con Escorpio, el elemento agua y el planeta Plutón. En el viaje del loco, la carta de la muerte indica pérdida y dolor, que le enseñan sabiduría. Aprende a abandonar viejos hábitos limitantes y a adoptar otros nuevos para mejorar su vida. Aprende a renunciar a las frivolidades y a los aspectos no esenciales de la vida. Aprende a enfrentarse a los finales y a dejar atrás los restos. Aprende que la "muerte" es un aspecto vital del crecimiento. Aprende que todo el mundo puede levantarse de la muerte hacia la novedad y el crecimiento.

En la cábala, la carta de la muerte es el camino entre Tiféret y Netsaj. Es el camino por el que la energía inferior de la manifestación conduce a la materia del mundo tangible. Avanzar hacia arriba implica dejar atrás el deseo de Netzaj (o victoria) y avanzar hacia la belleza espiritual.

La carta de la templanza

Un ángel andrógino con alas representa la carta de la templanza. El aspecto andrógino significa la fusión o el equilibrio de los opuestos. El ángel tiene un pie en la tierra (el mundo físico) y el otro en el agua (la mente subconsciente). El ángel también sostiene dos copas que pueden interpretarse como su poder para combinar las aguas de las mentes consciente y subconsciente en un flujo infinito y sin fisuras. Esta carta es una representación de la unión de las dualidades.

La templanza
https://pixabay.com/es/illustrations/templanza-tarot-tarjeta-magia-6016917/

Las palabras clave para la carta de la templanza son moderación, paz, equilibrio, calma, armonía, camino medio y tranquilidad. Sacar la carta de la templanza en posición vertical significa que tiene los medios para mantener la calma incluso en momentos estresantes. Es un maestro de la tranquilidad y no dejará que nadie le altere.

Indica que necesita mucha paciencia para alcanzar sus objetivos. Sugiere equilibrio y moderación para alcanzar el éxito. La carta de la templanza le dice que evite todo tipo de extremos y que mantenga el equilibrio y la calma. Indica que sabe lo que quiere y cómo quiere conseguirlo. También indica que está en paz con su vida y con todo lo que ocurre en ella. Su capacidad de adaptación es excelente, lo que le permite seguir y alcanzar sus sueños.

Las palabras clave de la carta de la templanza invertida son excesos, desequilibrio, discordia, precipitación e imprudencia. Si saca la carta de la templanza invertida, podría indicar algún tipo de desequilibrio en su vida, que le produzca ansiedad y preocupación. Cuando se lee con las otras cartas de la tirada, puede incluso determinar qué aspectos de su vida están desequilibrados. Sacar la carta de la templanza invertida también podría ser una advertencia de que un determinado camino podría conducir a excesos y discordia.

Otro significado de la carta de la templanza invertida es que carece de un objetivo o visión a largo plazo en su vida, lo que, a su vez, no da ningún propósito a su vida. Por lo tanto, podría sentirse desorientado. Indica que necesita dar un paso atrás y reconsiderar sus elecciones antes de seguir adelante.

La carta de la templanza está asociada a Sagitario, el elemento fuego, y a Júpiter. Desde el punto de vista del viaje del loco, la carta de la templanza es un punto de equilibrio después de oscilar salvajemente desde que descubrió la carta del ermitaño, hasta la pérdida y el dolor de la carta de la muerte. Con la carta de la templanza, el loco encuentra la verdadera paz y el equilibrio, sobre todo después de experimentar las tormentas de los extremos. Con la carta de la templanza, ha combinado y equilibrado todos los aspectos de su vida y de su personalidad para alcanzar la plenitud. Se siente seguro y sabio. En la cábala, la carta de la templanza es el camino entre Tiféret y Yesod.

El diablo

En la baraja del tarot, el diablo es representado como mitad cabra, mitad hombre con alas de murciélago. Un pentagrama invertido está inscrito en su frente. Aparece dominando y controlando a un hombre y una mujer desnudos que yacen encadenados a una piedra a sus pies, lo que significa su control sobre los seres humanos a través de los placeres sensuales y materialistas. La llama en la cola del hombre y el cuenco de uvas en la cola de la mujer significan sus deseos materialistas.

El diablo
https://commons.wikimedia.org/wiki/File:The_Illustrated_Key_to_the_Tarot_p._69.png

El hombre y la mujer tienen cuernos que les salen de la cabeza, lo que significa su conexión con el mal y los instintos diabólicos, ya que pasan mucho tiempo en compañía del diablo. Sin embargo, a pesar de que el diablo satisface sus deseos materialistas, el hombre y la mujer son infelices. Su desnudez les avergüenza, ya que el diablo les ha arrebatado sus fuerzas individuales.

Las palabras clave de la carta del diablo son limitaciones, excesos, opresión, impotencia y dependencia. Si saca la carta del diablo, significa que se siente atrapado. Se siente vacío y sin plenitud en su vida. También podría indicar que es esclavo de los placeres y deseos materialistas. No sabe cómo deshacerse de su excesivo amor por el lujo y la opulencia que corroen su verdadera felicidad.

La carta del diablo indica que su avaricia materialista le está llevando a una madriguera sin fondo, pero usted no sabe cómo liberarse de los grilletes. Parece que está perdiendo el control de su vida. Las adicciones y el abuso de sustancias también podrían indicar esa sensación de estar atrapado.

Las palabras clave de la carta del diablo invertida son libertad, revelación, recuperar el control y el poder, y liberación. Sacar la carta del diablo invertida podría indicar un momento de autoconocimiento y una ruptura con los grilletes. Puede que esté cansado de estar atrapado y que una pequeña chispa haya desencadenado el impulso de liberarse.

Aunque liberarse y desprenderse de las ataduras no deseadas es estupendo, debes recordar que no será fácil. Debe estar preparado para hacer ajustes que le permitan liberarse y aprender a valerse por sí mismo en lugar de depender de cosas y personas que podrían haberle reconfortado, aunque también le dieran la sensación de estar atrapado. Es un momento de autoevaluación en el que aprenderá lo que le funciona y lo que no, y cómo manejar lo que no le funciona.

En el viaje del loco, cuando se encuentra con el diablo, se da cuenta de que se está encontrando con su propia impotencia e ignorancia. La carta del diablo le recuerda que aprender y crecer es una parte incesante de su viaje, y que quedarse sentado en la suposición de que lo sabe y lo tiene todo resultará fatal.

El loco también aprende que satisfacer sus antojos materiales no es suficiente para su felicidad. Su búsqueda de la plenitud continúa, y se da cuenta de que hay algo mucho más grande e importante que el materialismo y los placeres y alegrías físicos. El loco se da cuenta de lo profundamente ligado que está al materialismo y de que no es fácil liberarse de él. Su sabiduría mejora a medida que abraza la idea de superar la tentación para seguir su camino espiritual. La carta del diablo está regida por Saturno, el signo zodiacal de Capricornio. En la cábala, la carta del Diablo es el camino entre Tiféret y Hod.

La torre

La carta de la torre está representada por una alta torre situada en la cima de una montaña. La torre ha sido alcanzada por un rayo y está ardiendo. De las ventanas salen lenguas de fuego y la gente intenta escapar desesperadamente de la torre. La destrucción de la torre es inevitable para que en su lugar se levante una torre nueva y mejor.

Se puede comparar el significado de estos saltos desesperados para salir del infierno con la desesperación de los dos desnudos encadenados a una piedra a los pies de la carta del diablo. Estas personas también quieren escapar del trauma y la confusión de la vida. Quieren escapar de la destrucción causada por su codicia y arrogancia egoísta. La carta de la torre significa que hay que limpiar las viejas costumbres para dar la bienvenida a algo nuevo.

La torre
https://pixabay.com/es/illustrations/cartas-de-tarot-tarot-torre-magia-6103701/

Las palabras clave de la carta vertical de la torre son caos, trauma, cambios repentinos y desastre. Sacar la carta de la torre podría indicar un cambio trascendental y/o una revelación en su vida, que podría ponerla patas arriba. Sin embargo, no tiene por qué ser algo aterrador o que dé miedo. El mensaje central de la carta de la torre podría indicar un cambio innovador para una vida mucho mejor que antes.

La carta de la torre no tiene por qué significar algo terrible o doloroso. Es solo un cambio, un cambio repentino, pero algo que está destinado a terminar de una buena manera. La carta de la torre le infunde miedo porque le recuerda que debe renunciar a algunas verdades que hasta ahora había considerado importantes, lo cual es una perspectiva aterradora, al menos al principio. Abandonar viejas costumbres a las que está acostumbrado y con las que se siente cómodo requiere tiempo y esfuerzo, y eso le infunde miedo e incertidumbre. La carta de la torre indica que las viejas costumbres de su mundo ya no le son útiles y que ha llegado el momento de abandonarlas.

Las palabras clave de la torre invertida son aplazar lo inevitable, resistirse al cambio y evitar el desastre. Si saca la carta de la torre invertida, podría indicar que se avecina una gran crisis. Y lo que es más importante, indica que está luchando por aceptarla. No le gusta la perspectiva de enfrentarse a estos cambios. La carta de la torre le advierte de que no debe resistirse a lo que está ocurriendo porque lo bueno está al final de las transformaciones. Es una señal de que debe dejar ir las creencias limitantes que le han frenado y encontrar su fuerza interior para convertirse en un yo más auténtico que antes.

Desde el punto de vista del viaje del loco, se ha dado cuenta de que está en las garras del diablo. La carta de la torre le dice ahora que solo los cambios repentinos pueden ayudarle a soltarse de las fuertes garras del diablo. Ha aprendido que la fortaleza del diablo ya no es más que una prisión y que debe derribar los muros para escapar de ella. Una fuerte sacudida es un elemento esencial para ello, se da cuenta el loco. El fuego de la torre hace estallar la ignorancia y renace sin los grilletes del diablo.

La carta de la torre está conectada con Marte, el dios de la guerra, el elemento fuego, y Aries y Escorpio. Según la cábala, la carta de la torre es el camino entre Netsaj y Hod, de la victoria al individualismo y el intelecto.

La estrella

La carta de la estrella representa a una mujer arrodillada al borde del estanque, sosteniendo dos recipientes. Está vertiendo agua del estanque sobre la tierra seca, que es exuberante y verde, lo que significa el nacimiento de una nueva vida, gracias a los esfuerzos de la mujer por nutrir y cuidar.

Uno de los pies de la mujer está en el agua, lo que representa su espiritualidad y su fuerza mental y emocional. El otro pie está en tierra firme, en representación de sus habilidades, fuerza físicas y prácticas.

Detrás de la dama hay siete pequeñas estrellas que representan los siete chakras, o centros de energía del cuerpo humano.

La estrella
https://pixabay.com/es/illustrations/cartas-de-tarot-tarot-estrella-6103699/

Las palabras clave de la carta de la estrella vertical son fe, esperanza, renovación, rejuvenecimiento y curación. Si saca la carta de la estrella erguida, es un indicio de esperanza y renovación. Se dará cuenta de que ha sido bendecido en abundancia. Es un recordatorio de que tiene todo lo necesario en su interior para hacer que las cosas sucedan y llevar una vida plena y feliz. La carta le recuerda que debe tener fe porque el universo está preparado para cumplir sus sueños y deseos.

Además, si le sale la carta de la estrella en posición vertical, significa que ha superado un gran reto. Ha superado este reto sin perder la esperanza. La carta le dice que es mucho más valiente y capaz de lo que cree. La carta le recuerda que ha descubierto su capacidad de recuperación.

Las palabras clave de la carta de la estrella invertida son negatividad, desesperación, abatimiento y falta de fe. Si le sale la carta de la estrella invertida, puede tener la sensación de que todo y todos trabajan en su contra. Los retos a los que se enfrenta parecen insuperables. Puede que haya perdido la fe en sí mismo y en el mundo que le rodea. La carta invertida le dice que no pierda la fe. Por el contrario, le pide que profundice en su interior y encuentre esperanza para superar los retos.

En el viaje del loco, éste se enfrenta a la caída de la torre. Mientras recoge los pedazos, se vuelve hacia la buena voluntad que se ha ganado hasta ahora y las bendiciones del universo para curarse y recuperarse

Tras la caída de la torre, el loco se llena de serenidad, y la carta de la estrella refleja esta sensación de paz que encuentra. La mujer desnuda de la carta de la estrella significa alguien cuya alma ya no está oculta. Las estrellas son como un faro de esperanza. Esto llena al loco de suficiente confianza para contrarrestar y reemplazar todas las energías negativas de la carta del diablo. Su fe se restablece, tanto en sí mismo como en el mundo.

En la cábala, la carta de la estrella representa el camino entre Netsaj y Yesod, de la victoria a la intuición y los sueños. La carta de la estrella está asociada a Acuario, el elemento aire, y al planeta Urano.

La luna

La carta de la luna representa un camino que conduce al horizonte lejano. El camino está flanqueado por un perro a un lado (que representa nuestra naturaleza domesticada y civilizada) y un lobo al otro (que representa nuestra naturaleza salvaje e indómita). Del estanque de la carta salen langostas. Dos torres en el horizonte significan las dualidades de la vida. Curiosamente, las similitudes de las torres simbolizan la dificultad que tenemos para discernir entre el bien y el mal. El camino que conduce al lejano horizonte es una fina línea que separa el consciente del inconsciente.

La luna
https://pixabay.com/es/illustrations/cartas-de-tarot-tarot-luna-magia-6103698/

Las palabras clave de una carta de la luna erguida son intuición, ilusión, incertidumbre, secreto, complejidades y la mente inconsciente. La carta de la luna representa la oscuridad, lo que podría interpretarse como que anda por el camino, inseguro de adónde le conduce. Podría haber peligros acechando en los alrededores. La langosta le representa a usted. La luz de la luna le aporta claridad y comprensión. Debe permitir que su intuición le guíe a través del oscuro sendero.

Sacar la carta de la luna es señal de tomar conciencia de la situación y del entorno y de manejar los miedos y las incertidumbres en su mente. La carta es una advertencia para que no deje que su agitación interior le lleve a tomar decisiones y hacer elecciones equivocadas. Le recuerda que debe desprenderse de recuerdos y miedos profundos ocultos en su subconsciente.

Otra indicación interesante si saca la carta de la luna en posición vertical es la existencia de una ilusión, algún tipo de verdad oculta que necesita ser desentrañada antes de que se apodere de usted. Alternativamente, podría indicar que lo que ve es una ilusión y no todo es lo que parece.

Las palabras clave de una carta de la luna invertida son engaño, miedo, malentendido, ansiedad y claridad. Si saca la carta de la luna invertida, podría indicar que algunos aspectos oscuros (como el lado oscuro de la luna) están presentes en su vida. Estos aspectos oscuros podrían presentarse en forma de agitación, confusión o tristeza. Su inseguridad a la hora de afrontarlos potencia sus efectos en su vida.

La carta de la luna invertida es una advertencia de que debe enfrentarse a sus miedos y ansiedades y que podría malinterpretar los mensajes y/o señales. Otra interpretación cuando saca la carta de la luna invertida es que todas las energías negativas se están desvaneciendo y puede ver la luz al final del túnel.

En el viaje del loco, la carta de la luna representa la vulnerabilidad. Hasta la carta anterior, el loco había aprendido bien de las lecciones que la vida le había enseñado, y ahora estaba tranquilo y sereno. Esta sensación de calma en sí misma provoca su vulnerabilidad y hace que su visión sea ilusoria bajo la luz de la luna. La carta de la luna hace que el loco sea soñador, haciéndole susceptible a la fantasía y a la distorsión de la verdad.

La carta de la luna está asociada con la Luna, el signo zodiacal Acuario y el elemento agua. En la cábala, la carta de la luna es el camino entre Netsaj y Maljut, entre el amor, la conexión, la victoria y el mundo físico y materialista.

El sol

La carta del sol representa el amanecer, los rayos de esperanza y la luz del sol que siguen a la hora más oscura de la noche. Representa la plenitud y el optimismo. Cuando ve el amanecer, siente que una sensación de esperanza llena su cuerpo y su espíritu. La carta del sol significa los mismos sentimientos. Un niño desnudo jugando alegremente representa la inocencia que surge cuando estamos alineados con nuestro auténtico yo, cuando no tenemos nada que ocultar. El niño va montado en un caballo blanco, que significa pureza, nobleza y fuerza.

El sol
https://pixabay.com/es/illustrations/cartas-de-tarot-tarot-sol-magia-6103700/

Las palabras clave de la carta del sol en posición vertical son vitalidad, confianza, éxito, verdad, felicidad, celebración y optimismo. Es abundancia y el éxito. La carta le proporciona vitalidad y felicidad. Puede esperar que la alegría y la felicidad lleguen a su vida.

También indica que se siente realizado, lo que, a su vez, hace que inspire a los demás a trabajar por su realización. Su alegría atrae a la gente hacia usted, y usted difunde alegremente su energía a todos y cada uno. Irradia amor a todos los que entran en contacto con usted. Si le sale la carta del sol, indica que se siente muy seguro de sí mismo y de sus logros. La vida es buena porque la luz del sol brilla sobre usted.

Las palabras clave de la carta del sol invertida son entusiasmo excesivo, expectativas poco realistas, pesimismo, negatividad, orgullo y felicidad bloqueada. Si le sale la carta del sol invertida, podría significar un momento de tristeza. No tiene por qué deberse necesariamente a acontecimientos tristes, sino al hecho de que le resulta difícil ver la felicidad en su vida. No puede sentirse seguro de sus logros, aunque sus objetivos sean importantes. Ciertos contratiempos podrían afectar a su confianza.

La carta del sol invertida también podría indicar que tiene expectativas poco realistas, por lo que la plenitud y la felicidad se le escapan. Tener una visión demasiado optimista de las cosas podría resultar en decepción, y la carta del sol invertida así lo indica. Es un recordatorio para que sea realista.

La carta del sol está asociada con el sol, el elemento fuego y el signo zodiacal Leo. En el viaje del loco, esta carta representa esa parte de su viaje envuelta en experiencias felices y sabiduría. Ha aprendido la importancia de vivir y disfrutar cada momento de su vida, y está agradecido al cosmos por todo.

Se da cuenta de que el poder y la luz del sol disipan la oscuridad de todos los rincones de su ser. Las confusiones se aclaran y se siente iluminado. Está entusiasmado y lleno de vitalidad y energía vibrante. Cabalga sobre un caballo blanco y espera con impaciencia un nuevo día y las experiencias que le traerá.

En la cábala, la carta del sol conecta Hod con Yesod y el esplendor con la base. Este camino es una fuerza activadora de la personalidad, ya que uno se siente esplendoroso y, a la vez, con los pies en la tierra y estable. Es el camino del intelecto.

La carta del juicio

La carta del juicio final representa el jucio final tal y como lo describen las distintas religiones. La carta muestra a hombres, mujeres y niños que esperan su juicio mientras se levantan de sus tumbas en respuesta a la llamada de Gabriel. Sus manos están extendidas, indicando que la gente está dispuesta a aceptar cualquier juicio que se les imponga. Esta carta refleja el hecho de que no puede escaparse de las consecuencias de sus actos. El juicio llegará un día u otro.

El juicio
https://pixabay.com/es/illustrations/tarot-cartas-de-tarot-juicio-6129676/

Las palabras clave de la carta en posición vertical del juicio son ajuste de cuentas, propósito, reflexión, autoevaluación y despertar. Si saca la carta en posición vertical del juicio, indica un momento de autorreflexión y autoevaluación, que son esenciales para comprender mejor lo que está ocurriendo en su vida y sus respuestas y reacciones ante ello.

Indica que solo cuando comprenda su ahora, podrá avanzar con más confianza hacia su futuro, eligiendo el camino correcto. Con la autorreflexión llega la comprensión, y con la comprensión llega la necesidad de hacer cambios y ajustes para que el camino de su vida se reajuste con precisión hacia donde usted quiere que vaya. Estos cambios y ajustes pueden ser pequeños, que le afecten solo a usted, o grandes, que afecten también a sus seres queridos.

Cuando saca la carta del juicio, es un recordatorio de que todos se enfrentan a decisiones difíciles que pueden tener un impacto duradero en sus vidas y en las de sus seres queridos. Le recuerda que sus acciones han colocado su vida en un camino totalmente nuevo e inesperado, y que es el momento de enfrentarse a esta verdad. La carta le dice que es hora de dejar atrás el pasado y seguir adelante con esperanza y confianza renovadas, porque todo final es un nuevo comienzo.

Las palabras clave de la carta del juicio invertida son poca conciencia de uno mismo, dudas y odio hacia uno mismo. Si saca la carta del juicio invertida, podría significar que se juzga duramente, creando una visión confusa de sí mismo. Por alguna razón, se odia a sí mismo. En tales situaciones, está tan atrapado juzgándose a sí mismo que pierde oportunidades que han sido tan claras como el día para todos los demás menos para usted. Indica que es probable que tenga un periodo de impulso lento.

Otro significado de la carta del juicio invertida es que debe tomarse un tiempo para la autorreflexión. Debe tomarse un tiempo para ver cómo está resultando su vida y evaluar los acontecimientos y sucesos. Es el momento de preguntarse si está aprendiendo bien las lecciones de la vida. La carta invertida podría estar diciéndole que se ha estado juzgando a sí mismo con demasiada dureza para su propio bien. Le pide que se perdone por sus acciones pasadas, que las olvide y que siga adelante.

Cuando saca la carta del juicio, es un recordatorio de que todos se enfrentan a decisiones difíciles que pueden tener un impacto duradero en sus vidas y en las de sus seres queridos. Le recuerda que sus acciones han colocado su vida en un camino totalmente nuevo e inesperado, y que es el momento de enfrentarse a esta verdad. La carta le dice que es hora de dejar atrás el pasado y seguir adelante con esperanza y confianza renovadas, porque todo final es un nuevo comienzo.

Las palabras clave de la carta del juicio invertida son poca conciencia de uno mismo, dudas y odio hacia uno mismo. Si saca la carta del juicio invertida, podría significar que se juzga duramente, creando una visión confusa de sí mismo. Por alguna razón, se odia a sí mismo. En tales situaciones, está tan atrapado juzgándose a sí mismo que pierde oportunidades que han sido tan claras como el día para todos los demás menos para usted. Indica que es probable que tenga un periodo de impulso lento.

Otro significado de la carta del juicio invertida es que debe tomarse un tiempo para la autorreflexión. Debe tomarse un tiempo para ver cómo está resultando su vida y evaluar los acontecimientos y sucesos. Es el momento de preguntarse si está aprendiendo bien las lecciones de la vida. La carta invertida podría estar diciéndole que se ha estado juzgando a sí mismo con demasiada dureza para su propio bien. Le pide que se perdone por sus acciones pasadas, que las olvide y que siga adelante.

La carta del mundo

La carta del mundo está representada por una figura que baila en el centro, sosteniendo una varita en cada mano y una pierna cruzada sobre la otra. La figura femenina simboliza el equilibrio y la evolución. También representa la realización y la culminación. Sin embargo, no son formas estáticas, sino dinámicas que cambian y evolucionan eternamente.

El mundo
https://pixabay.com/es/illustrations/cartas-de-tarot-tarot-mundo-magia-6103702/

La corona verde que rodea a la dama representa el éxito, mientras que la cinta roja que rodea la corona significa el infinito y la eternidad. Las cuatro figuras de las cuatro esquinas de la carta del mundo representan cuatro signos del zodiaco: Tauro, Leo, Escorpio y Acuario. También representan los cuatro evangelios y los cuatro elementos. Por lo tanto, la carta del mundo representa el equilibrio armonioso entre todas las energías del mundo.

Las palabras clave de la carta vertical del mundo son sentido de pertenencia, realización, culminación y plenitud. Puede esperar plenitud y realización si saca una carta del mundo vertical de su baraja de tarot. Simboliza un momento en el que sus mundos exterior e interior están sincronizados entre sí, y usted se siente entero y completo.

La carta le dice que todos sus esfuerzos están fructificando y que sus recompensas están empezando a llegar. También indica la finalización de un hito importante en su vida. Le dice que debería estar orgulloso de haber logrado este hito, ya que ha tenido que superar muchos retos.

La carta del mundo en posición vertical podría indicar que ha completado con éxito un proyecto a largo plazo o un acontecimiento vital. Puede significar matrimonio, nacimiento de un hijo, graduación o incluso un gran proyecto en el trabajo. La carta del mundo también indica que quiere devolver algo a la sociedad de una forma u otra. Se compromete a hacer de este mundo un lugar mejor.

Las palabras clave de la carta del mundo invertida son sensación de estar incompleto, falta de cierre y de logros, y sensación de vacío. La carta del mundo invertida indica que usted se encuentra al final de algún logro, pero lleno de una sensación de vacío. Siente que todas las piezas no encajan como había previsto. Siente que le faltan algunas piezas o que están en el lugar equivocado. Algo le impide sentirse realizado.

La carta del mundo está regida por Saturno, el elemento tierra, y tres signos del zodíaco: Tauro, Capricornio y Virgo. En la cábala, la carta del mundo es el camino entre Yesod y Maljut, entre los sueños y la intuición y el mundo material y físico. Conecta sus sueños con el sentido práctico.

En esta última carta de su viaje, el loco aprende a dar un paso atrás, a evaluar, a sentir la sensación de haber completado el viaje y a prepararse para la siguiente aventura. Sabe que su ciclo se ha completado, que el futuro es prometedor y que está listo para lanzarse de nuevo.

Por lo tanto, el viaje del loco ha sido satisfactorio, y su perseverancia y trabajo han merecido la pena. Ya no es un ingenuo. Ha adquirido sabiduría, conocimientos e importantes lecciones de vida, y ha evolucionado mucho desde el comienzo de su viaje.

Capítulo 7: Conoce las cartas II: Los cuatro palos

Las 22 cartas de los arcanos mayores se ocupan de los aspectos más importantes de su vida, mientras que las 56 cartas de los arcanos menores le guían a través de sus pruebas y tribulaciones diarias y rutinarias de la vida. No se confunda con la palabra "menor" porque los impactos de estas cartas son cualquier cosa menos eso.

Las cartas de los arcanos menores ofrecen una visión significativa de su situación actual y de cómo puede cambiar o mejorar sus acciones para obtener mejores resultados. Las energías de las cartas de los arcanos menores en su vida son temporales. Estas dinámicas energéticas cambian o se mueven dependiendo de sus acciones y sus consecuencias inmediatas.

Los arcanos menores se dividen en cuatro palos, a saber:

- El palo de copas
- El palo de pentáculos
- El palo de espadas
- El palo de bastos

Cada uno de los cuatro palos tiene las siguientes cartas:

- Cartas numéricas del 1 (o as) al 10
- Cartas de la corte formadas por el paje, el caballero, la reina y el rey

El palo de copas

El palo de copas representa la intuición, las emociones y la creatividad. En términos junguianos, el palo de copas se refiere a nuestras respuestas y reacciones emocionales a los estímulos. Este palo se ocupa de sus relaciones y asociaciones. Le permite comprender mejor sus emociones, sus relaciones afectivas y sus interacciones con los demás. El palo de copas se asocia con el elemento agua, fluido y ágil.

As de copas - Las palabras clave del as de copas son nuevos comienzos, fertilidad y embarazo, y celebraciones. Si saca un as de copas en posición vertical, indica nuevos comienzos en las relaciones románticas y de pareja. Indica un momento de alegría, empatía y compasión. Las buenas noticias podrían estar en camino..

Si saca un as de copas invertido, podría ser un presagio de tristeza. También indica emociones reprimidas y dolor de algún tipo. Podría recibir noticias tristes y perturbadoras. Las relaciones pueden no estar en el mejor momento de su vida. En la cábala, los ases o el número uno se asocian con Kéter, la corona.

Dos de copas - Esta carta es muy positiva, y si la saca, significa que su vida es alegre y feliz. Las palabras clave para un dos de copas erguido son atracción mutua y relaciones románticas y amistades unificadas. También significa unidad en las relaciones románticas, respeto y afecto en las parejas y amistades. Si ve el dos de copas en una tirada, podría indicar armonía y equilibrio. El dos invertido indica desarmonía, desequilibrio, discusiones y rupturas. El número dos se asocia con Jojmá o sabiduría.

Tres de copas - Un tres de copas en posición vertical significa colaboraciones, amistad y celebraciones. Al revés, significa independencia y "tiempo para mí". Si saca el tres de copas en posición vertical, podría significar que alguien de su vida pasada vuelve a su vida. Significa grupos de personas que se reúnen, como en fiestas y celebraciones. Las celebraciones y fiestas podrían cancelarse si saca un tres de copas invertido.

Cuatro de copas - El cuatro de copas invertido significa contemplación, meditación y reevaluación. En posición invertida, las palabras clave son retraimiento, introspección y retirada. Supongamos que saca un cuatro de copas vertical. En ese caso, podría indicar oportunidades perdidas que conducen al arrepentimiento y a la contemplación de lo que salió mal. Cuando vea esta carta en su tirada, es un mensaje para que no pierda las oportunidades y las aproveche. A la inversa, el cuatro de copas podría significar una inversión de las cosas malas. Es posible que se haya sentido atrapado en una rutina, y esta carta indica que el momento difícil está llegando a su fin. El cuatro está asociado con Jésed, o misericordia, en la cábala.

Cinco de copas - Las palabras clave de un cinco de copas invertido son pesimismo, fracaso, arrepentimiento y decepción. Las palabras clave de un cinco de copas invertido son el autoperdón, la superación y los reveses personales. El cinco de copas indica una gran cantidad de emociones negativas, tanto si ve la carta al derecho como al revés. Cuando saca el cinco de copas, significa que se está centrando en los aspectos negativos de su vida mucho más de lo necesario. Una tristeza inoportuna es inminente en su vida. O podría sentirse aislado y solo.

Si le sale el cinco de copas invertido, la carta le dice que ha llegado el momento de perdonarse a sí mismo, aprender la lección y seguir adelante. No sirve de nada lamentarse por el pasado. Si realmente está luchando contra la depresión, entonces podría tener sentido recurrir a los servicios de un terapeuta profesional. El cinco se asocia con Gevurá o severidad, que se alinea con la tristeza y la decepción.

Seis de copas - Un seis de copas erguido significa recuerdos de la infancia, visitas al pasado y alegría inocente. Representa la nostalgia. Si saca un seis de copas vertical, podría significar que su pasado le influye. Un seis de copas invertido significa vivir en el pasado, ser demasiado serio y perdonar. Sacar un seis de copas invertido podría significar que está listo para seguir adelante, irse de casa o empezar de cero. El seis, en el árbol de la vida, representa Tiféret o belleza.

Siete de copas - Un siete de copas en posición vertical representa elecciones, oportunidades, ilusiones y deseos. Sacar el siete de copas en posición vertical significa que tienes muchas posibilidades por delante. Pero también podría significar que vive en una fantasía y que se deja llevar por los deseos. La carta invertida podría indicar que está abrumado por muchas opciones y alineado con sus elecciones personales. La carta invertida también podría significar que está obteniendo claridad después de haber vivido en un mundo de ilusiones durante un tiempo. El número siete se asocia con Netsaj.

Ocho de copas - El ocho de copas invertido puede significar abandono, evasión, retraimiento y decepción. El ocho de copas invertido puede significar ir a la deriva, indecisión, alejamiento de personas y situaciones, y el deseo de intentarlo una vez más antes de rendirse. El número ocho se asocia con Hod.

Nueve de copas - Nueve de copas significa satisfacción, contento y gratitud. Si saca el nueve de copas derecho, es probable que sus deseos y sueños se hagan realidad. El nueve de copas invertido significa felicidad interior y placeres materialistas. También puede indicar indulgencia e insatisfacción. El nueve de copas invertido suele verse como un mal presagio en el que se teme que los sueños se vengan abajo. El número nueve se asocia con Yesod.

Diez de copas - Las palabras clave del diez de copas en posición vertical son armonía, alineación, relaciones felices y amor divino. El diez de copas invertido indica valores y principios desalineados, desconexión con la gente y relaciones difíciles. En general, el diez de copas se traduce en verdadera felicidad y plenitud. El diez de copas invertido no es un buen signo y podría significar que los conflictos y las discusiones sustituirán a la felicidad y la satisfacción. El número diez se asocia con Maljut.

El palo de pentáculos

Tiene que ver con las finanzas, la riqueza y la profesión. Le da una visión de su riqueza financiera y de los detalles de su carrera. También trata de su entorno externo y de cómo se enfrenta y responde a él. Por ejemplo, las cartas extraídas de este palo le dirán cómo se enfrenta al dinero, la salud y los asuntos relacionados con su carrera.

¿Cómo ve su trabajo? ¿Es solo una forma de ganar dinero o lo trata como un servicio? Las cartas del palo de pentáculos responden a estas preguntas. A un nivel más profundo, el palo de pentáculos se ocupa de su autoestima y su ego. Se asocia con el elemento tierra.

A nivel junguiano, el palo de pentáculos está relacionado con la información sensorial y las experiencias. ¿Cómo reacciona ante la información y los estímulos que sienten o reciben sus cinco sentidos? Es una indicación de sus necesidades y deseos materialistas y de placer, y de cómo se esfuerza por conseguirlos. Los aspectos negativos de este palo implican ser demasiado materialista, codicioso y apegado.

As de pentáculos - En general, el as de pentáculos en posición vertical indica prosperidad y nuevos comienzos. Si saca el as de pentáculos en posición vertical, significa que es probable que cualquier nueva empresa que comience tenga éxito, o que una nueva empresa está a la vista. Las palabras clave del as de pentáculos en posición vertical son una nueva carrera u oportunidad financiera y abundancia.

Invertido, el as de pentáculos indica falta de visión, planificación, previsión y pérdida de oportunidades. Si saca el as de pentáculos invertido, podría significar que no está haciendo lo suficiente para evitar que los prospectos caigan en el olvido. Le falta concentración y control. Es una advertencia para que mejore la situación.

Dos de pentáculos - En posición vertical, el dos de pentáculos se refiere a la adaptabilidad y la priorización. Significa que está intentando equilibrar los altibajos de su vida y que tiene la capacidad de adaptación y organización para hacerlo. También significa que hay una lucha entre sus prioridades y las de otras personas en su vida, tal vez un ser querido o un buen amigo.

Invertido, indica desorganización y necesidad de reorganizar las prioridades. Sacar un dos de pentáculos invertido podría significar que está mordiendo más de lo que puede masticar. Es una advertencia para que vuelva a la mesa de trabajo y establezca nuevas prioridades. También significa que necesita ahorrar o reservar recursos para un día lluvioso.

Tres de pentáculos - El tres de pentáculos en posición vertical se traduce en trabajo en equipo, colaboración, aprendizaje y formación. Significa que está trabajando duro para aprender y colaborar con otras personas en su vida para lograr el éxito sobre una base sólida de conocimientos. Por el contrario, representa el trabajo aislado y desalineado. Indica que no está aprendiendo de sus errores porque se siente abrumado.

Cuatro de pentáculos - El cuatro de pentáculos vertical representa el conservadurismo y el tradicionalismo, el ahorro de dinero para la seguridad futura, la escasez y el control. Indica que se aferra a situaciones, personas y posesiones. Tiene problemas para dejar ir y un deseo de controlarse de formas tóxicas y poco saludables.

Invertida, significa autoengrandecimiento a través del gasto excesivo y la avaricia. Podría significar que tiene un comportamiento imprudente que puede causarle daño. Sin embargo, también significa que ha dejado de intentar controlar las cosas y se ha dejado llevar.

Cinco de pentáculos - El cinco de pentáculos en posición vertical indica pobreza, pérdidas financieras y preocupación. Indica una época de dificultades y negatividad en su vida por la pérdida del trabajo y el desempleo. Al revés, representa la restauración de la fe y la espiritualidad en su vida y la recuperación de las pérdidas financieras. Significa un tiempo de recuperación de sus luchas financieras. También significa que está dispuesto a dejar ir a las personas tóxicas.

Seis de pentáculos - El seis de pentáculos vertical indica el sentido del compartir, la generosidad y la caridad. Si saca el seis de pentáculos, podría significar que recibirá regalos generosos. Además, le apetece compartir sus recursos generosamente. Invertida, representa deudas impagadas, solo dar y no recibir nada a cambio, y el cuidado de uno mismo. Podría significar que alguien le hace regalos, pero con condiciones que pueden perjudicarle o no.

Siete de pentáculos - En posición vertical, el siete de pentáculos representa los resultados sostenibles y una visión a largo plazo. Sacar el siete de pentáculos en posición vertical significa que el trabajo duro y la perseverancia empiezan a dar sus frutos. Invertida, significa un éxito limitado y la falta de una visión a largo plazo. Indica que su duro trabajo le está reportando muy poca recompensa o éxito. Podría significar que no está terminando lo que empezó..

Ocho de pentáculos - El ocho de pentáculos en posición vertical se traduce en trabajo repetitivo, aprendizaje y desarrollo de habilidades. Indica un periodo de trabajo duro y compromiso diligente. Está adquiriendo habilidades que le serán de gran utilidad en el futuro. Invertida, significa pereza y falta de esfuerzo. También indica una actividad mal orientada. También podría indicar que está tan centrado en un área de su vida que está descuidando por completo otros aspectos igualmente importantes.

Nueve de pentáculos - En posición vertical, el nueve de pentáculos representa la autosuficiencia y la independencia financiera. Indica libertad y estabilidad. Usted ha trabajado duro y diligentemente para alcanzar el éxito. En posición invertida, representa una inversión excesiva en su trabajo o profesión. Le falta confianza y estabilidad. También podría significar que está recibiendo recompensas por las que no ha trabajado duro, y estas recompensas podrían no durar.

Diez de pentáculos - El diez de pentáculos erguido significa riqueza y éxito financiero y aspectos familiares. Encuentra el éxito y la felicidad en todos los aspectos de su vida, especialmente en las áreas materialistas. Se siente muy unido a su familia. Invertida, representa las pérdidas financieras y el lado oscuro de la riqueza y el poder. Hay inestabilidad e inseguridad en su vida. El diez de pentáculos invertido es una advertencia para evitar negocios financieros y de poder turbios.

El palo de espadas

El palo de espadas trata de sus acciones, pensamientos, expresiones verbales y comunicación en general. Trata de los aspectos mentales de la vida humana, incluyendo la mente y el intelecto. Las cartas sacadas de este palo le dan ideas sobre cómo hacer valer su poder, expresarse, comunicar sus ideas y tomar decisiones.

Las espadas suelen ser de doble filo, y el palo de espadas simboliza el delicado equilibrio que hay que mantener entre el poder y el intelecto para alcanzar el éxito y la felicidad. En términos junguianos, el palo de espadas trata de su función cognitiva y de cómo procesa la información y los datos en su mente.

As de espadas - El as de espadas en posición vertical significa nuevas ideas, avances y éxito. Sacar el as de espadas indica que tiene una gran claridad mental y concentración, lo que le permite tomar decisiones correctas. Invertida, significa juicio nublado e ideas y pensamientos dudosos. Sacar el as de espadas invertido significa que está confundido y se deja llevar por la desinformación.

Dos de espadas - El dos de espadas en posición vertical indica un callejón sin salida. Significa que está sopesando opciones y decisiones difíciles. También significa que está evitando tomar decisiones difíciles. Se encuentra en una encrucijada, sentado en la valla, incapaz de decidir. Invertida, el dos de espadas significa confusión e indecisión. Hay retrasos y aplazamientos. El miedo abrumador y la preocupación le impiden tomar la decisión correcta.

Tres de espadas - El tres de espadas en posición vertical significa tristeza, angustia, pena y dolor emocional. Si esta carta aparece en su tirada, se indica un período de dificultades y penurias. Invertida, significa perdón, liberación de la pena y optimismo. El tres de espadas invertido representa la superación de penas y angustias..

Cuatro de espadas - El cuatro de espadas en posición vertical indica descanso, relajación y recuperación a través de la meditación y la contemplación. Sacar esta carta en posición vertical significa un período de estrés y ansiedad que puede superarse a través del descanso meditativo y la relajación. Esta carta le dice que sus dificultades no son tan graves como cree. Solo tiene que relajarse y las soluciones surgirán. Invertida, significa un período de despertar y rejuvenecimiento. Después de un tiempo de soledad y aislamiento, está listo para reincorporarse al mundo.

Cinco de espadas - El cinco de espadas en posición vertical indica el deseo de ganar a toda costa, competitividad, conflictos y desacuerdos. Esta carta no es realmente una buena señal porque indica derrota y rendición, pero lo que es más importante, una actitud de autosabotaje. También significa que hay mucho estrés y conflictos en su vida. Por el contrario, es un buen augurio porque indica reconciliación y enmienda. Le dice que se acerca el momento de poner fin a los conflictos.

Seis de espadas - El seis de espadas en posición vertical representa un rito de paso, la liberación de cargas, equipaje y transición. Si saca el seis de espadas erguido, significa que superará penas y desafíos. Puede esperar que sus problemas se calmen. Se verá aliviado de sus cargas. Podría indicar un viaje o una travesía, aunque sea para escapar de los problemas durante un tiempo. Invertida, significa resistencia al cambio y tareas inacabadas. Indica que se avecinan tiempos difíciles y falta de progreso. También podría indicar trastornos e interrupciones en los viajes.

Siete de espadas - Las palabras clave para el siete de espadas en posición vertical son engaño y traición. Si saca esta carta en posición vertical, generalmente significa que se encontrará con engaños y trampas. Significa manipulaciones mentales y actitudes intrigantes. Indica salir impune de alguna fechoría. Al revés, las palabras clave son pasar página y tomar conciencia. Significa que se arrepiente de ciertas acciones pasadas y quiere enmendarlas.

Ocho de espadas - El ocho de espadas en posición vertical se traduce en autorrestricciones, autoconversaciones negativas y una sensación de victimismo. Si saca esta carta, podría significar que se siente atrapado y arrinconado. Se siente perseguido y acorralado. Invertida, indica la liberación de la persecución y la búsqueda de soluciones para liberarse de la sensación de estar atrapado.

Nueve de espadas - El nueve de espadas en posición vertical se traduce en ansiedad, miedos y preocupaciones. La carta le dice que sus miedos pueden no estar bien fundamentados y basados en problemas reales. Solo indica sus miedos internos, más propensos a ser infundados que a no serlo. Representa el estrés y el pensamiento negativo. Invertida, significa la luz al final de un túnel oscuro. Es una indicación de que su estrés y sus miedos están llegando a su fin. Aprenderá a sobrellevarlo bien.

Diez de espadas - El diez de espadas invertido significa finales dolorosos, pérdida y traición. Representa la ruina y el fracaso. Podría indicar que alguien en su vida está jugando a ser un mártir innecesario llenándole de culpa y depresión. Por el contrario, el diez de espadas significa que las cosas mejoran, que su mentalidad se aclara y mejora, y que sobrevive a lo peor.

El palo de bastos

El palo de bastos representa sus pasiones y niveles de energía. Las cartas de este palo le dan una visión de su espiritualidad y del propósito de su vida. También indican ideas nuevas e innovadoras. En términos junguianos, el palo de bastos tiene que ver con nuestra intuición e instintos, los misterios y secretos de nuestro subconsciente y los aspectos y habilidades espirituales. El palo de bastos se asocia con el fuego, el elemento caliente e impredecible. Del mismo modo, este palo se ocupa de nuestras pasiones y creatividad, y si no se utiliza bien, puede destruir, y si se utiliza bien puede crear cosas útiles y productivas para nosotros.

As de bastos - El as de bastos erguido significa nuevos comienzos y potencial de crecimiento. Indica un momento de acción impulsado por la pasión y el entusiasmo. Significa que se siente audaz y apasionado por probar cosas nuevas. Por el contrario, representa contratiempos y retrasos. También podría anunciar noticias decepcionantes y tristes.

Dos de bastos - El dos de bastos vertical representa el progreso, la toma de decisiones y la planificación futura. Si saca el dos de bastos en posición vertical, podría indicar que tiene que elegir entre dos caminos. También podría indicar viajes al extranjero y viajes repentinos. Invertida, significa falta de planificación y miedo al cambio y a lo desconocido. También significa que tiene opciones restringidas y que los viajes podrían cancelarse o retrasarse.

Tres de bastos - El tres de bastos en posición vertical indica viajes al extranjero, expansión y previsión. Significa aventura, libertad y viajes, especialmente al extranjero y vacaciones románticas. Es una carta de confianza y seguridad en uno mismo. Invertida, significa volver a casa o regresar de un viaje. También advierte de la falta de previsión o planificación para el futuro.

Cuatro de bastos - El cuatro de bastos en posición vertical significa regreso a casa, celebración y alegría. Señala fiestas, bodas y acontecimientos festivos. Indica un tiempo de estabilidad y seguridad y un tiempo para que las familias y las comunidades se unan. Invertida, representa el aplazamiento o el retraso de las celebraciones, los romances frustrados y el abandono del hogar. El cuatro de bastos invertido puede indicar dudas sobre uno mismo y baja autoestima.

Cinco de bastos - El cinco de bastos vertical indica desacuerdo, conflictos, competición y tensiones. Indica luchas, oposición, agresividad y temperamentos exaltados. Cabe esperar falta de cooperación y discusiones insignificantes. Invertida, representa la finalización de conflictos y discusiones y la búsqueda de soluciones comunes.

Seis de bastos - El seis de bastos erguido indica confianza en uno mismo, reconocimiento público y éxito. Es un periodo ventajoso para usted y podría ganar premios y elogios. Podría obtener una posición de liderazgo en su vida. Invertida, el seis de bastos representa fracasos y pérdidas. Podría perder premios y reconocimientos.

Siete de bastos - Las palabras clave del siete de bastos son desafío, protección y perseverancia. Sacar esta carta significa que se mantendrá firme y luchará por lo que cree. También indica que alguien le está acosando y atacando. Invertida, el siete de bastos indica que se rinde a sus creencias. Significa que está exhausto y agotado. Podría indicar un momento en el que ha perdido el control y el poder.

Ocho de bastos - El ocho de bastos vertical indica transiciones rápidas, movimientos e incluso viajes en avión. Significa prisa y precipitación. Es una carta de movimientos rápidos, de energía y de dejarse llevar. Invertida, esta carta representa el progreso lento y la poca energía.

Nueve de bastos - El nueve de bastos en posición vertical significa coraje, resistencia y una prueba de fe. Si saca esta carta, significa que está a medio camino de su objetivo y su energía está totalmente agotada. Quiere rendirse, pero esta carta le recuerda su coraje y resistencia. Le dice que su fe está siendo puesta a prueba y que no debe rendirse. Por el contrario, el nueve de bastos representa la terquedad y la rigidez. Advierte de una actitud intransigente que solo puede acarrear más perjuicios que beneficios.

Diez de bastos - El diez de bastos en posición vertical indica responsabilidades y cargas adicionales. Algo que al principio era bueno, ahora se ha convertido en una enorme carga que provoca estrés y ansiedad. Sin embargo, la carta también le dice que el final está a la vista y que pronto se verá aliviado de sus cargas. Invertida, el diez de bastos es sinónimo de responsabilidad excesiva y de llevar una cruz demasiado pesada. También podría indicar que ha llegado el momento de dejarse llevar y liberarse de sus cargas.

Ahora que ya está familiarizado con los cuatro palos y sus cartas numéricas, es el momento de pasar a las cartas de la corte, de las que hablaremos en el próximo capítulo.

Capítulo 8: Conoce las cartas III: Cartas de la corte

Las cartas de la corte están formadas por el rey, la reina, el caballero y el paje; aunque también pertenecen a los arcanos menores, se distinguen de las demás cartas de cada palo.

Las cartas de la corte

Las cartas de la corte están formadas por el rey, la reina, el caballero y el paje; aunque también pertenecen a los arcanos menores, se distinguen de las demás cartas de cada palo.

Las cartas de la corte

Las cuatro cartas de la corte aparecen en cada uno de los cuatro palos. Las cuatro representan diferentes figuras de la corte real, y en la lectura del tarot pueden simbolizar diferentes personas que influyen en su vida de diferentes maneras.

El rey es el monarca tradicional y representa el control y la autoridad. El rey se hace cargo de un grupo y utiliza sus diversas habilidades de liderazgo, como la diplomacia, el valor, la sensibilidad, la magnanimidad, el poder, la madurez y la lógica, para dirigir a un equipo.

La reina es la cuidadora y nutridora de la corte. La carta de la reina podría indicar que usted necesita el amor y los cuidados que ella puede darle o que alguien en su vida le está ofreciendo cuidados cariñosos y protectores.

El caballero es el joven guerrero de la corte real, conocido por actuar de forma precipitada y violenta, pero a menudo con decisión y en aras del honor. Si le sale la carta del caballero, su vida podría estar marcada por algún tipo de acción acelerada.

El paje es el miembro más joven y pertenece a la jerarquía más baja de la corte real. Es conocido por su inocencia y el que tiene más potencial de crecimiento y desarrollo. Sacar la carta del paje puede indicar la llegada de noticias o mensajes. También podría tratarse de una revelación personal. Además, esta carta representa a cualquier persona joven o niño en su vida.

En la cábala, el rey es la figura paterna asociada a Jojmá, que se une a la reina, la figura materna asociada a Biná. Ambos se unen para dar lugar al paje (en la cábala, el paje es la princesa) y al príncipe (la carta del caballero). El caballero está asociado a Tiféret y el paje a Maljut.

Las cartas de la corte de copas

El rey de copas representa la diplomacia y la sensibilidad. Esta carta en posición vertical representa la bondad y la compasión. Sacar esta carta significa encontrar el equilibrio adecuado entre el corazón y el intelecto. En posición invertida, el rey de copas indica un estado de ánimo emocionalmente inmaduro con falta de madurez emocional.

La reina de copas significa empatía y amor. Sacar a la reina de copas erguida podría indicar una mujer que le apoyará y cuidará de usted. También es una carta que le advierte que sea consciente de cómo se trata a sí mismo y a los demás. Invertida, la reina de copas representa la falta de confianza y los sentimientos de inseguridad.

El caballero de copas representa el honor y el romance. Esta carta conlleva mucha emoción a través de invitaciones a propuestas, eventos y otras grandes ofertas. Invertida, significa desamor, amor no correspondido y decepción. Si le sale el caballero de copas invertido, podría tener una aventura de una noche.

El paje de copas representa la inocencia y el enamoramiento. El paje de copas es un mensajero que trae noticias felices y mensajes en forma de invitaciones e información potencialmente útil. Invertida, esta carta representa las malas noticias y los sueños rotos.

Las cartas de la corte de bastos

El rey de bastos significa liderazgo y coraje. Sacar al rey de bastos indica que tendrá la energía y el entusiasmo necesarios para llevar a cabo lo que se ha propuesto. Usted marca el camino para que los demás le sigan. Por el contrario, representa un comportamiento grosero e intimidatorio. Es un mal ejemplo para los demás.

La reina de bastos representa la creatividad y la sensualidad. Sacar esta carta puede significar que está haciendo mucho trabajo, gracias a su gran energía y a su naturaleza optimista. Siempre está en movimiento. Por el contrario, representa el pesimismo y una actitud temperamental. Ha asumido más de lo que puede y está agotado.

El caballero de bastos significa aventura impulsiva. Si saca el caballero de bastos, se sentirá intrépido y con ganas de actuar. Indica que debe poner en práctica sus ideas. Por el contrario, indica retrasos y contratiempos en su empresa y un progreso menor de lo esperado en todo lo que haga.

El paje de bastos representa la motivación, el impulso y el entusiasmo. Si saca esta carta, es probable que reciba buenas noticias en breve a través de llamadas telefónicas o cartas. Es el momento de pensar a lo grande y actuar en consecuencia. Invertida, el paje de bastos representa malas noticias y noticias de contratiempos y retrasos. Podría sentirse desmotivado y sin inspiración.

Las cartas de la corte de pentáculos

El rey de pentáculos representa la generosidad y la estabilidad financiera. Si saca esta carta, podría sentirse orgulloso de sus logros y de que su duro trabajo y diligencia están dando sus frutos. Podría estar alcanzando el estatus social con el que soñaba. Por el contrario, podría indicar que está perdiendo el control y que no puede ver con claridad el camino hacia sus objetivos.

La reina de pentáculos representa el ahorro y la seguridad. Si le sale esta carta, significa prosperidad, éxito y un alto estatus financiero. Logrará sus objetivos. Por el contrario, la reina de Pentáculos representa la pobreza y la falta de estabilidad financiera.

El caballero de pentáculos representa la decisión y la fiabilidad. Esta carta representa la practicidad y el sentido común. Es una carta que indica que alcanzará sus sueños a través del trabajo duro y la perseverancia. Por el contrario, representa la irresponsabilidad y la falta de sentido común.

El paje de pentáculos representa el progreso y la concentración. Si le sale esta carta, es probable que reciba buenas noticias relacionadas con la riqueza y el dinero. Es una carta que le dice que comience el trabajo de base hacia sus sueños a largo plazo. Invertida, podría traer malas noticias relacionadas con el dinero y los asuntos materiales.

Las cartas de la corte de espadas

El rey de espadas significa madurez y lógica. En general, el rey de espadas representa el poder, la autoridad y la disciplina. Tiene que ver con la ética y la moral, los elementos clave de un buen rey. Al rey de espadas no le gusta mostrar ninguna emoción en público. Sacar esta carta en posición vertical significa que un entorno de estructura y orden funcionará bien en el escenario actual. El rey de espadas invertido representa la falta de autodisciplina y estructura.

La reina de espadas representa la claridad y la inteligencia. Sacar la reina de espadas invertida podría indicar la entrada de una anciana sabia que le ofrece consejo y protección. Es astuta y honesta y ama inmensamente a sus protegidos. La reina de espadas invertida se traduce en rudeza, malicia y falta de empatía en su vida.

El caballero de espadas significa debate y confrontación. También es una carta de cambio y le dice que debe lanzarse y aprovechar el momento. El caballero de espadas es un intelectual, y si esta carta aparece invertida en su tirada, significa que tiene un enfoque único para completar la tarea que tiene entre manos. El caballero de espadas invertido significa que está perdiendo una excelente oportunidad porque está fuera de sí.

El paje de espadas representa la seguridad en uno mismo y la inventiva. El paje de espadas tiene que ver con la inspiración y la planificación. Si saca el paje de espadas en posición vertical, podría ser una indicación de que debe tener paciencia y pensar detenidamente antes de hablar. Invertida, el paje de espadas indica falta de ideas y planificación y es defensivo y cínico.

Con una idea clara de cómo funciona cada una de las cartas del tarot y lo que significan, es hora de seguir adelante y aprender a crear tiradas y disposiciones y cómo leerlas con precisión.

Capítulo 9: Tiradas y diseños

Este capítulo le enseñará las tiradas del tarot más utilizadas (cómo se disponen las cartas para la lectura).

Tirada de una carta

Establezca la intención y tenga clara la respuesta que busca. Baraje el mazo mientras se concentra en la pregunta. Saque la carta y colóquela sobre la mesa, boca arriba. Mírela y vea lo que intenta decirle, especialmente en relación con su pregunta. Consulte los significados de las cartas que aparecen en los capítulos anteriores de este libro para mayor claridad.

Tirada de tres cartas

Cuando saque tres cartas para esta tirada, pueden tener múltiples interpretaciones dependiendo de su búsqueda y necesidad. La primera, segunda y tercera carta que saque pueden indicar lo siguiente:
- Pasado, presente y futuro
- Usted, su relación, su cónyuge/pareja
- La situación, la acción que debe realizarse y el resultado
- Usted, su trayectoria vital actual, su potencial

Una vez más, establezca claramente su intención, saque las tres cartas, colóquelas delante de usted e interprete sus mensajes y significados.

Tirada del sí/no

La tirada del sí/no funciona de forma diferente para cada persona. Dependiendo de su conexión con las cartas de su baraja de tarot, puede elegir ciertas cartas para que sean un sí y ciertas cartas para que sean un no. Por ejemplo, si siente una fuerte conexión positiva con los cuatro ases, puede elegirlos para que signifiquen un sí a su pregunta. Del mismo modo, puede elegir algunas cartas que podrían significar un no. Establezca su intención, haga su pregunta y saque cartas hasta que obtenga un sí o un no.

Tirada de la cruz celta

La tirada de la cruz celta
ArrowTarot, CC BY-SA 4.0 <https://creativecommons.org/licenses/by-sa/4.0>, vía Wikimedia Commons https://commons.wikimedia.org/wiki/File:Celtic_Cross_Tarot_Spread.jpg

La tirada de la cruz celta consiste en 10 cartas colocadas en forma de cruz. Esta tirada le dará una visión profunda de sus consultas. Fije su intención, baraje bien la baraja y empiece a sacar cartas y a colocarlas de la siguiente manera:

- La primera carta se coloca en el centro de la cruz y trata sobre el consultante o el consultado, su personalidad, su estado de ánimo, etc.
- La segunda carta se coloca enfrente de la primera y representa los bloqueos y obstáculos que impiden al consultante conseguir lo que desea.
- La tercera carta se coloca debajo de las dos cartas centrales y significa la raíz o la razón subyacente de los bloqueos y obstáculos.
- La cuarta carta está a la izquierda de las cartas centrales y representa los acontecimientos recientes que afectan a la pregunta
- La quinta carta se coloca encima de las cartas centrales y representa las distintas posibilidades y soluciones disponibles para la pregunta
- La sexta carta se coloca a la derecha de las cartas centrales y da ideas para conseguir los resultados deseados.
- Las seis cartas anteriores completan la forma de la cruz. Las cuatro cartas siguientes se colocan verticalmente a lo largo del lado derecho de la cruz celta.
- La séptima carta es la inferior de la línea vertical y da una idea de cómo el consultante se ve a sí mismo, positiva o negativamente.
- La octava carta, situada encima de la séptima, representa su entorno, incluyendo familia, amigos y otras personas que le ayudan o se interponen en sus objetivos.
- La novena carta, situada encima de la octava, representa sus esperanzas y temores.
- La décima carta, que viene justo encima de la línea vertical, representa el resultado, lo que le da un resultado bastante exacto cuando se lee junto con la sexta carta.

La tirada del árbol de la vida

La tirada del árbol de la vida se basa en la forma cabalística del árbol de la vida y consta de diez cartas que corresponden a las diez sefirot. He aquí un pequeño desglose para su comprensión:

Las cartas 1, 3 y 5 juntas forman una línea vertical con el 1 arriba y el 5 abajo. Las cartas números 2, 4 y 6 están alineadas respectivamente con la 1, 3 y 5 a su izquierda, y un hueco en medio para las cartas números 7, 8, 9 y 10 empezando desde abajo. La carta 7 se coloca ligeramente por debajo de las cartas 3 y 5, y la carta número 10 ligeramente por encima de las cartas 1 y 3. Toda la forma se parece al árbol cabalístico de la vida. Los significados son los siguientes:

- **Las cartas 1 y 2** (alineadas horizontalmente entre sí) representan el problema o la consulta.
- **Las cartas 3 y 4** representan personas o cosas que influyen negativa o positivamente en el tema o la pregunta.
- **Las cartas 5 y 6** representan los sentimientos y pensamientos del consultante.
- **La carta 7** representa el mundo físico, incluyendo el cuerpo, las posesiones y otros aspectos físicos y materiales de la vida.
- **La carta 8** representa la persona y la personalidad del consultante, como vive y se presenta cada día.
- **La carta 9** representa los consejos que le da su corazón.
- **La carta 10** significa los resultados espirituales o morales y su propio crecimiento en estos dos a causa del asunto.

La tirada del zodíaco

La tirada del zodíaco es también conocida como la tirada astrológica de las 12 casas y requiere que saque 12 cartas y las coloque de una manera particular. Como de costumbre, establezca la intención, baraje el mazo, saque las 12 cartas de una en una y colóquelas de la siguiente manera:

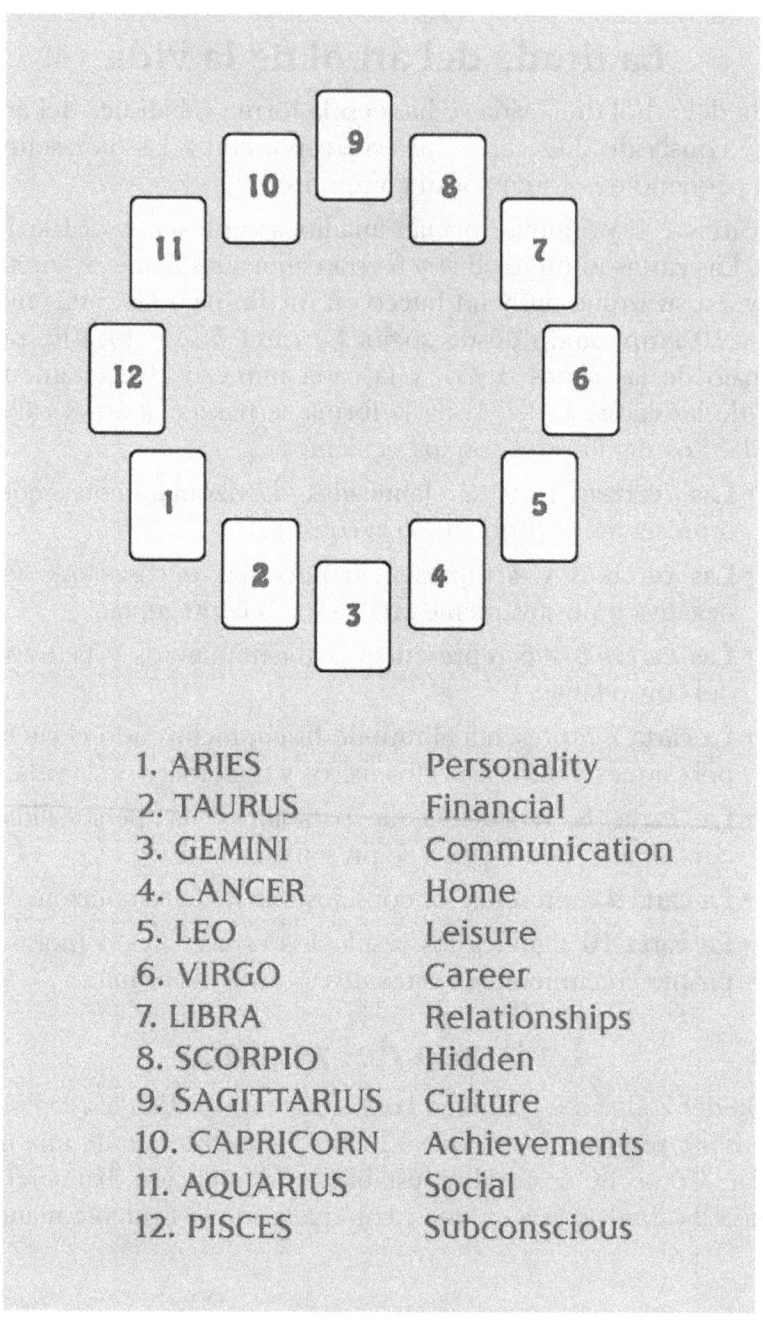

1. ARIES   Personality
2. TAURUS   Financial
3. GEMINI   Communication
4. CANCER   Home
5. LEO   Leisure
6. VIRGO   Career
7. LIBRA   Relationships
8. SCORPIO   Hidden
9. SAGITTARIUS   Culture
10. CAPRICORN   Achievements
11. AQUARIUS   Social
12. PISCES   Subconscious

La tirada del zodíaco

Coloque la primera carta en el extremo izquierdo de la mesa. Esta posición se llama las 9 en punto (como se vería en un reloj de pared). A continuación, coloque las demás fichas en sentido contrario a las agujas del reloj en cada hora del reloj de pared.

- **La primera carta** (en la posición de las 9 en punto) es su signo solar y significa su vida y personalidad.
- **La segunda carta** (situada a las 8 en punto) representa su riqueza y sus recursos. Es la casa de la autoestima.
- **La tercera carta** (en la posición de las 7 en punto) determina su entorno, incluida su familia, sus amigos y la gente de su lugar de trabajo.
- **La cuarta carta** (en la posición de las 6 en punto) es específica para su hogar y su familia.
- **La quinta carta** (en la posición de las 5 en punto) representa su creatividad.
- **La sexta carta** (en la posición de las 4 en punto) representa su rutina diaria, incluido el cuidado personal, la nutrición, el ejercicio, etc.
- **La séptima carta** (en la posición de las 3 en punto) se refiere a sus relaciones de pareja, tanto románticas como de otro tipo. Incluso los enemigos tienen una relación contigo.
- **La octava carta** (a las 2 en punto) representa sus secretos. Tiene que ver con temas tabú como el sexo, la muerte y otros temas de los que no se habla abiertamente.
- **La novena carta** (en la posición de la 1) trata de su crecimiento y desarrollo, incluyendo educación, viajes a larga distancia, crecimiento filosófico, etc.
- **La décima carta** (en la posición de las 12 en punto) se refiere a su profesión y su carrera. También se refiere a la realización de sus sueños y aspiraciones.
- **La undécima carta** (en la posición de las 11 en punto) trata de su comunidad, incluidas las personas de su comunidad, círculo social, conocidos, etc. También trata de la caridad.
- **La duodécima carta** (en la posición de las 10 en punto) trata de su mente subconsciente y refleja sus miedos y cargas ocultas.

Conclusión - Lectura de las cartas

En este último capítulo se explica cómo leer las cartas de una tirada a través de algunos ejemplos. Antes de eso, debe aprender un ritual de puesta a tierra y cómo establecer intenciones.

Ritual de conexión a tierra y establecimiento de intenciones

Antes de empezar una lectura de cartas del tarot, haga este ritual de conexión a tierra para conseguir estabilidad y protección.

1. Siéntese, sosteniendo la baraja de tarot en la mano.
2. Cierre los ojos y visualice que desde su asiento crecen raíces que le sujetan firmemente al suelo.
3. Imagine que estas raíces le sostienen.
4. Luego, imagine que un orbe de luz blanca le cubre por completo, manteniéndole a salvo del mal y de la negatividad.

Ahora, abra los ojos y fije su intención para la lectura de las cartas. He aquí algunos consejos para establecer la intención.

- Escriba sus intenciones. ¿Qué respuesta busca en la lectura de las cartas?
- Sea claro al formular sus intenciones. ¿Cuál es el resultado final deseado?
- La intención puede ser en forma de dedicación, propósito, oración o visualización.

- Repita su intención mientras baraja, saca las cartas y las coloca en la tirada que prefiera.

Interpretación de las cartas

Cuando la tirada esté lista, lea las cartas utilizando las diversas interpretaciones astrológicas, cabalísticas, numerológicas y del tarot que se mencionan en este libro. He aquí algunos ejemplos de interpretación de las cartas de una tirada.

Si tiene un seis de espadas en la posición de las 6 en punto (la tercera carta) de una tirada del zodíaco, podría indicar una mudanza o un viaje, ya que esta carta representa su entorno, incluidos los viajes y desplazamientos diarios.

Tener un as en la posición de las 5 (la quinta carta de la tirada) podría indicar embarazo si otros factores están en orden. Los ases son para los nuevos comienzos; la quinta carta trata del hogar y la familia.

Busque combinaciones en la tirada; por ejemplo, en una tirada de dos cartas, si obtiene una combinación de un ocho de bastos (que significa viaje) y un seis de copas (que trata de recuerdos de la infancia y amigos), podría indicar un viaje para reunirse con sus amigos de la infancia.

Si está buscando un cambio de empleo y le sale un as en la tirada, podría indicar un nuevo trabajo, ya que el as representa nuevos comienzos.

Preste atención a los símbolos e imágenes que aparecen en las cartas sacadas. Por ejemplo, si le salen en la misma tirada las cartas del juicio y de la templanza (recuerde que ambas cartas tienen imágenes de arcángeles), podría significar que los guías espirituales o los ángeles le están vigilando.

Supongamos que saca cartas que representan el elemento aire y el elemento agua. En ese caso, podría significar que necesita equilibrar su corazón y su cabeza para obtener resultados óptimos.

De este modo, podrá interpretar los significados de las cartas del tarot combinando todos los conocimientos de este libro. Cuando termine de leer, recuerde agradecer a la divinidad y cerrar su lectura.

Algunas preguntas frecuentes

¿Puedo hacer varias lecturas, una tras otra?

Múltiples lecturas, una tras otra, pueden darle mensajes confusos y contradictorios. Limítese a una sola lectura en la que confíe.

¿Debo descansar entre una lectura y otra?

Si ha realizado una lectura del tarot y no está seguro de los significados, se recomienda que espere al menos un mes más antes de buscar respuestas a las mismas preguntas.

¿Y si me equivoco?

Si, las lecturas del tarot pueden salir mal por varias causas, entre las que se incluyen las siguientes:

- Como lector de cartas del tarot, su estado de ánimo podría ser confuso y poco claro.
- El consultante del tarot podría estar impregnado de energía negativa que se interpone en el camino de una lectura precisa.

En tales casos, tiene sentido detener la lectura, realizar rituales de conexión a tierra una vez más, y luego leer de nuevo. Si el problema persiste, es mejor posponer la lectura hasta que se sienta preparado.

La lectura de las cartas del tarot requiere una práctica continua y una conexión incesante con sus instintos. Siga practicando hasta que domine el maravilloso arte de la lectura del tarot.

Vea más libros escritos por Mari Silva

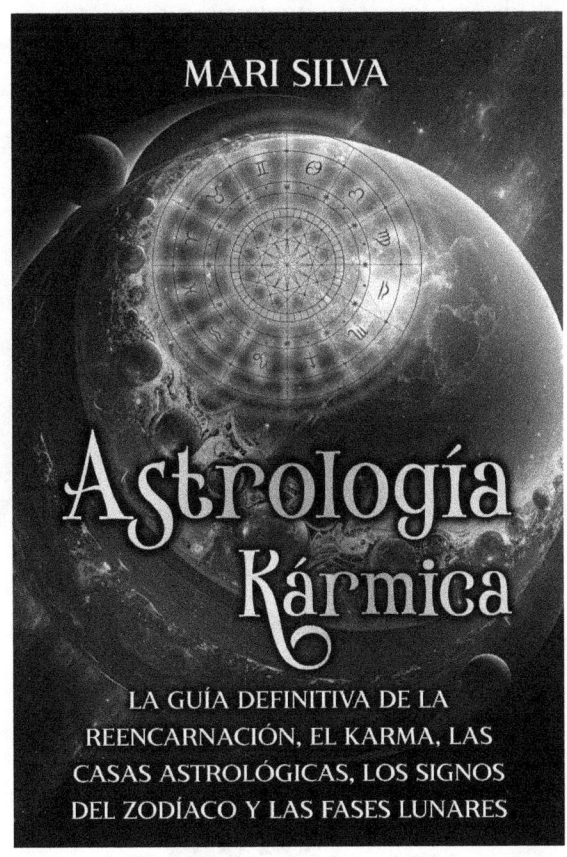

Su regalo gratuito

¡Gracias por descargar este libro! Si desea aprender más acerca de varios temas de espiritualidad, entonces únase a la comunidad de Mari Silva y obtenga el MP3 de meditación guiada para despertar su tercer ojo. Este MP3 de meditación guiada está diseñado para abrir y fortalecer el tercer ojo para que pueda experimentar un estado superior de conciencia.

https://livetolearn.lpages.co/mari-silva-third-eye-meditation-mp3-spanish/

¡O escanee el código QR!

Referencias

"12 Signos del zodiaco astrología fechas, significado y compatibilidad | ZodiacSign.com". Www.zodiacsign.com, www.zodiacsign.com/.

Aliza Kelly Faragher. "12 Signos del zodiaco: rasgos de personalidad y fechas de los signos". Allure, Allure, 29 nov. 2018, www.allure.com/story/zodiac-sign-personality-traits-dates.

---. "¿Soy psíquico? cómo aprovechar sus propias habilidades psíquicas". Allure, Allure, 2 de julio de 2018, www.allure.com/story/am-i-psychic-how-to-tap-into-psychic-abilities.

Alves, Nuno. "La energía de los espacios y las personas: cómo funciona". Energía y conciencia, 19 de abril. 2015, https://medium.com/energy-and-consciousness/how-energy-works-10893210cc8d

"Guía de los planetas en astrología y lo que representa cada uno". New York Post, 5 nov. 2021, https://nypost.com/article/astrology-planets-meaning/

"¿qué cartas del tarot representan a qué signos del zodiaco? La historia contada por los arcanos mayores". Darkdaystarot.

Bunning, Joan. "El viaje del loco". Www.learntarot.com, www.learntarot.com/journey.htm.

"Chabad.org". @Chabad, 2019, www.chabad.org.

Chanek, Jack. "Guía para principiantes del tarot cabalístico". Llewellyn en el mundo, 9 de diciembre. 2021, www.llewellyn.com/journal/article/2971.

"Métodos de purificación, protección y enraizamiento". Enséñame tarot de verdad, 17 de mayo de 2012, https://teachmetarot.com/part-1-minor-arcana/lesson-2/psychic-protection-chakra-cleansing/psychic-protection-supplement/

Coughlin, Sara. "Por qué debe prestar atención a las cartas de la corte en su baraja de tarot". Www.refinery29.com, www.refinery29.com/en-us/tarot-court-cards-meaning#slide-4.

CyberAstro.com. "Beneficios de la astrología en su vida". Cyberastro, www.cyberastro.com/article/benefits-from-astrology-in-your-life.

David, Lauren. "Las 5 mejores barajas de tarot, según los lectores profesionales de tarot". Insider, www.insider.com/guides/hobbies-crafts/best-tarot-cards#the-wild-unknown-tarot-deck-and-guide-set-5.

Deb, Sujata. "Guía de estudio de lectura de la energía | Cómo leer la energía | TheMindFool". TheMindFool. Medio perfecto para el autodesarrollo y la salud mental. Explorador de opciones de estilo de vida & buscador del viaje espiritual, 22 de abril. 2020, https://themindfool.com/energy-reading

Ghare, Madhavi. "Estructura de una baraja de tarot". Tarot-Ically Speaking, 27 de octubre. 2010, www.taroticallyspeaking.com/begin/structure-of-a-tarot-card-deck/.

"Cómo leer una tirada de tarot de la cruz celta". Well+Good, 29 de agosto. 2021, www.wellandgood.com/celtic-cross-tarot-spread/.

"La fijación de intenciones en las lecturas de tarot (y en cualquier otra parte)". Magia práctica, www.practicalmagic.co/pm-blog/2021/2/5/intention-setting-in-tarot-readings.

"Introducción al árbol de la vida". Experiencia de la cábala, https://kabbalahexperience.com/introduction-to-the-tree-of-life/

"Cábala". Glorian, https://glorian.org/learn/topics/kabbalah

"El tarot y el árbol de la vida". Sociedad teosófica en américa

"Aprendiendo y usando la tirada del tarot del zodiaco". El tarot sencillo, 27 de noviembre. 2018, https://thesimpletarot.com/learning-using-zodiac-tarot-spread/

Louise, Esther. "Tarot numerología: aprendiendo los significados de los números de las cartas del tarot". A través de las fases, 24 de abril. 2020, www.throughthephases.com/tarot-numerology/.

Marina. "La cábala y el tarot: aprende la conexión del tarot y la cábala". Tarot de la ciudad, 8 de noviembre. 2018, www.citytarot.com/kabbalah-tarot-minor-arcana/.

---. "El loco | Significado de las cartas del tarot". Tarot de la ciudad, 27 de julio de 2018, www.citytarot.com/tarot-card-meanings-the-fool/.

"Significado del número maestro 11". Www.numerology.com, www.numerology.com/articles/about-numerology/master-number-11/.

McGarry, Caitlin. "PSA: su signo del zodiaco tiene su propia carta del tarot". Cosmopolitan, 3 de noviembre. 2021, www.cosmopolitan.com/lifestyle/a31913908/tarot-cards-zodiac-signs-astrology/.

"Significado de las cartas del tarot de los arcanos menores". Tarot Biddy, www.biddytarot.com/tarot-card-meanings/minor-arcana/.

Parlett, David. "Tarot | Naipes". Enciclopedia británica, 7 de abril. 2009, www.britannica.com/topic/tarot.

"Práctica tirada del árbol de la vida". Blog de tarot de Mary K. Greer, 26 de noviembre. 2008, https://marykgreer.com/2008/11/25/practical-tree-of-life-spread/

"Guía de numerología de Tarot.com". Tarot.com, www.tarot.com/numerology.

"Tarotscopio: Cómo se relacionan la astrología y el tarot". Two Wander, www.twowander.com/blog/tarotscope-how-astrology-and-tarot-are-linked.

"El significado del loco: significado de las cartas del tarot de los arcanos mayores". Labyrinthos, https://labyrinthos.co/blogs/tarot-card-meanings-list/the-fool-meaning-major-arcana-tarot-card-meanings

"Los arcanos menores". Thetarotguide, www.thetarotguide.com/minor-arcana.

"Pros y contras de las cartas del tarot para la salud mental". Healthline, 4 de junio de 2021, www.healthline.com/health/mind-body/tarot-card-can-help-your-mental-health-or-hurt-it#takeaway.

"El tarot y las correspondencias del árbol de la vida". Labyrinthos, https://labyrinthos.co/blogs/learn-tarot-with-labyrinthos-academy/the-tarot-and-the-tree-of-life-correspondences

"El tarot de Thoth 101: Deje que esta asombrosa baraja guíe su vida". Www.alittlesparkofjoy.com, 16 de septiembre. 2021, www.alittlesparkofjoy.com/thoth-tarot/.

Significado de las cartas del tarot de la rueda de la fortuna. 31 de enero. 2020, https://tarotoak.com/wheel-of-fortune-tarot-card-meaning/

Wigington, Patti. "¿De dónde vienen las cartas del tarot?". Aprender religiones, 2018, www.learnreligions.com/a-brief-history-of-tarot-2562770.

Metmuseum.org, 2019, www.metmuseum.org/blogs/in-season/2016/tarot

www.ingramcontent.com/pod-product-compliance
Lightning Source LLC
Chambersburg PA
CBHW051848160426
43209CB00006B/1205